Karl Henckell

Amselrufe

Karl Henckell

Amselrufe

ISBN/EAN: 9783744656535

Hergestellt in Europa, USA, Kanada, Australien, Japan

Cover: Foto ©ninafisch / pixelio.de

Weitere Bücher finden Sie auf **www.hansebooks.com**

Karl Henckell.

Amselrufe.

Segui il tuo corso e lascia dir
la gente!   *Dante.*

Zweite Auflage.

Zürich.
Verlags-Magazin
(J. Schabelitz)
1890.

Zur ersten Auflage.

Pegasus, Leier und Lorbeerkranz, in zierlicher Vereinigung von dem kunstfertigen Händchen der verehrten Freundin auf eine Fayenceschale gemalt, die fürder die unsterblichen deutschen Dichter der Gegenwart vor der allzu nahen, schnöde anzüglichen Berührung mit den Aschenüberresten meiner rauchenden Freunde bewahren soll, jene unsterblichen deutschen Recensionsexemplardichter, welche ich zu meinem Privatvergnügen auf dem drehbaren Tische meiner limmat-athenienfischen Bude Caroussel fahren lasse ... Zu diesem herzigen Weihnachtsgeschenk meiner erlauchten Seelenfreundin gesellt sich von Hause aus der trauten Heimat meiner Lieben —

Gelb rollt ihr zu Füßen die brausende Leine —
ein goldperlenblitzender und troddelläutender Papierkorb. — — — Papierkorb, Pegasus, Leier und Lorbeerkranz! Ach, ich bin des reizenden Aschenbecherchens und seiner malerischen Symbole nicht werth, wohl aber des schwesterlichen Angebindes, das mir allerdings in einem andern Sinne bescheert ist, als ich mich jetzt gedrängt fühle ihm unterzulegen. Was ist das wieder für ein lotteriges poetisches Jahr gewesen, wie ich es auf den folgenden Blättern Euch aufzurollen mich erdreiste! Sind nicht die Verse

an den Fingern abzuzählen, die vielleicht von der
olympischen Prüfungskommission des ewigen Aethe-
riers den Berechtigungsschein erhalten dürften, ganz
abgesehen von der sauern Visage, die er selbst bei
diesen noch schneiden wird, er selber, Phöbus Apoll,
einem preußischen Schulrath vergleichbar? Wie sollen
diese häufigen Sentimentalitäten, diese Kleinlichkeiten,
diese dilettantischen Larifariverseleien, diese Renom=
mistereien, diese Gesinnungsknallerbsen dem göttlichen
Marsyasschinder imponiren? Nein, der Lorbeerkranz
ist nichts als eine Liebenswürdigkeit der süßen Kröte
da oben, die meinem lyrischen Selbstgefühl angenehm
schmeichelt, aber der gähnende, rachenaufsperrende
Papierkorb mit seinem pessimistischen Gefräßigkeits=
sinn offenbart weit mehr unheilvolle, aber noth=
wendige Wahrheit. Sollte es etwa nicht vielleicht
doch möglicherweise unter Umständen gescheidter gewesen sein, wenn ich die Gedichte ihm ausgeliefert,
als wenn ich sie der Obhut meines gütigen Ver=
legers anvertraut hätte? Und man denke nur nicht,
daß ich kokettire! Mir ist ganz gottsjämmerlich
elend zu Muthe, wenn ich das Facit meiner poetischen
Thätigkeit ziehe. Dreiundzwanzig Jahre — und
noch nichts überwältigend Bedeutendes geleistet!

Wißt Ihr, welches das Hauptmerkmal fast
meiner gesammten Poesie ist? Oberflächliche Ge-
fühlsbehaglichkeit, meine werthen Herren Kritiker,
die Ihr mich mit so vielen honigsüßen Redewendungen
überschüttet habt, soweit Ihr mir günstig wart, und
mit so manchen hirnlosen Spottsalven, soweit Ihr
in mir den geborenen Widersacher oder Niederlacher

eurer beschränkten Flegelhaftigkeit wittertet. Zwei Gran Mark, sonst Gallerte, nichts als Gallerte. Ich senke mein Haupt zu Boden und werde roth wie ein junges Mädchen, das, mit Bodenhausen's „Frühlingsglauben" vor seinen bleichsüchtigen Geistes-augen schwärmerische Wanderausstellung veranstal-tend, plötzlich eine kolossale männliche Nacktheit niederländischer Realistik vor sich aufsteigen sieht. Pegasus, Leier und Lorbeer auf meinem Fayence-schälchen darf noch Niemand rücksichtslos antasten, sonst wischt er die schönen Dinge tapsig aus, denn die Farben sind noch nicht im heißen Ofen einge-brannt — und meine ganze bisherige Dichterherr-lichkeit würde wohl nur wenige dünne und verworrene Spuren zurücklassen, wollte man etwas kratzen und schaben mit dem schneidigen Nagel der Größenkritik; mein schwächlich unfertiger Charakter, meine subjektiv anmaßende Bequemlichkeit, meine winzige Lebens-übung, sie müssen erst in den glühenden Herd stolzer, gewaltiger Schicksale und Erfahrungen geworfen werden, damit mein schwabbeliges Talent zum zähen, unausrottbaren Genie gehitzt und gebunden werde.

Stolzer, gewaltiger Schicksale, sage ich. Scheint es doch, als ob ich, ein Kind unserer auch gemüthlich abgestumpften Zeit, stärkerer Stimulanzen benöthige, als sie diesem und jenem meiner nacheifernswürdigen Kollegen erforderlich waren, um alle ihre schaffenden Geisteskräfte in ungeheure Bewegung zu setzen. So reißt oder riß wenigstens etliches Liebesleid auch mein Herz wund und aberwund, so wühlt und wurmt politisches Weh und sozialer Schmerz auch in meinem

Busen für und für, aber der Aufruhr meiner Seele
ward wohl noch kein gigantischer. Paß nur auf!
Den Du vermessen müssest, Unersättlicher, der
grimme Tumult wird Dich früh genug packen. Oder
sollte es dem schwerfälligen Kanapeeballast Deiner
Natur nicht an Schicksalshebeln fehlen, wohl aber
an einer bestimmten Aufgabe, für die sich die zer-
streuten Elemente der Kraft zu einer leistungs-
mächtigen Batterie konzentriren ließen? Mir däucht
immer, als ob diese zahlreichen lyrischen Ergüsse
nur spontane Bewegungen dieser unausgenützten
Lebensmasse aus Langeweile seien, Manövrir-
spielereien aus Friedensüberdruß, nicht Gesammt-
mobilisirungen bis auf das letzte Landsturmaufgebot,
bei denen Noth, äußerste dichterische Daseinsnoth
am Mann ist . . . Ich will abbrechen. Warum ich
dann also diese eventuellen Papierkorbkandidaten
der Oeffentlichkeit preisgebe! Weil sie mir doch
neue Freunde und neue Feinde erwerben werden
gleich meinen früheren Stammeleien, und weil sie
immerhin als zersplitterte, nach bestem, wenn auch
unfertigem Bestreben wahrheitsliebende Selbstäuße-
rungen einer im Ganzen unterschieblichen Indivi-
dualität gegenüber dem Allerweltnichts einer schab-
lonisirten, einer an der galloppirenden Schwindsucht
des begabten Eklektizismus dem Grabe zuhüstelnden
Puppenfreudenhausliteratur ein Etwas bedeuten, das
eben aus dem Zustande unseres herrschenden
deutschen Schriftthums — nur ganz wenige eigene
Dichternaturen, wie der köstlich-keusche Keller, der
hacken-hohe Hamerling, der schwer-schwungvolle Schack

und der fein=philiströse Freytag bilden unter den
Aelteren eine ehrenvolle Ausnahme — seine ver=
hältnißmäßige Daseinsberechtigung schöpfen darf.
Hochnäsigen Richtern aus Publikum und Presse
gestatte ich nicht, diese Sätze als Fangseil des Wohl=
wollens sich gnädig um den steifen Nacken zu legen;
die da meinen, ich hielte eine captatio benevolentiae
für angemessen, kraxeln gewaltig auf dem Holzweg
herum. Wie mir das Alles so vollständig schnuppe
ist! Ich mich rechtfertigen wollen vor den ewig
Gerechtfertigten? Lieber Walzer tanzen! Die jungen
Damen meiner Bekanntschaft wissen, was das sagen
will . . .

Allen echten Genossen und Kameraden schleud're
ich meinen Fest= und Neujahrsgruß zu von Mai=
land in einer Kurve bis Rostock über Czernowitz
nach Wien, den Gruß der Treue gegen den
drängenden Geist der Zeit, der in uns ist, daß er
leben möge im neuen Jahr und möge wachsen und
blühen in alle Zukunft fort — den alten, guten
Freunden aber, welche um dieses Geistes willen
meinen freien, offenen Händedruck zu meiden sich
gefügt haben, widme ich ein Lächeln gutmüthigster
Jronie und erinnerungsmildester Sylvesterwehmuth.

Lenzburg (Schweiz),
in den Weihnachtstagen 1887.

Karl Henckell.

Zur zweiten Auflage.

Die „Amselrufe" wurden sofort nach ihrem Er-
scheinen im März 1888 auf Grund des „gemein-
gefährlichen Gesetzes gegen die Bestrebungen der
Sozialdemokratie" für das deutsche Reich verboten.
Sie haben sich seither diesseits und jenseits des
Oceans Freund um Freund erworben, so daß schon
nach Jahresfrist sich die Nothwendigkeit einer neuen
Auflage herausstellte. Mehrere recht entbehrliche
Belanglosigkeiten sind gestrichen. Den Freunden
Gruß und Handschlag! Den anschwärzenden Käuzen
der „Kritik" Dank für ihre dunkle Antheilnahme
an dem hellen Schlage der bösen Amsel.

Ob wohl diese armen Recensenten so viel
Herzensfreude an der Ausübung ihres literarischen
Reichsbüttelthums erleben wie der polizeiwidrige
Dichter an dem lauteren Erfolge seiner gemein-
gefährlichen Lieder?

Lenzburg, 1889.

Karl Henckell.

Inhaltsverzeichniß.

Eros.

Mein Lied.

Ich bin kein gotterkorener,
Kein himmlischer Prophet,
Ich bin ein staubgeborener,
Ein irdischer Poet.
All meines Geistes Glut
Ist Menschenhirn und -Blut,
In meiner Mutter Schooß
Keimt' auf mein Dichterloos;
Ich bin kein Sterngesendeter,
Kein Engel aus der Höh',
Ich bin ein Unvollendeter
In Wonnen und im Weh.

Vom Vater trotzig-schweigender,
Von Mama weicher Sinn,
Vom Ahnen liedergeigender
Poet ich worden bin.
Beim ersten Liebeshauch
Tönte die Seele auch,
Leicht aus dem Kopfe schwang
Sich eig'ner Rhythmen Klang;
Ach in der Heimat brausenden
Eichwäldern irrt' ich gern,
Im Föhrenhain, dem sausenden,
Träumt' ich von Glück und Stern.

Ich bin ein schwertgegürteter
Vorkämpfer in der Schlacht,
Ich bin ein zartbemyrtheter
Spielmann auf stiller Wacht.
Protzt die Verlogenheit,
Bin ich zum Hieb bereit,
Lieb' ich ein süßes Kind,
Wind' ich ein Angebind;
Kein Wahn von himmlisch blinkender
Unsterblichkeit mich narrt,
Ich bin ein zukunftwinkender
Poet der Gegenwart.

Nachts um die zweite Stunde.

Was nützt's, den Docht emporzuschrauben,
Wenn das Petroleum ausgebrannt?
Ein jeder Schriftzug foppt die Hand,
Und bald muß ich an's Dunkel glauben.
Wenn ich nur früh genug erwache —
Die Mitternacht schlich längst vorbei —
Und meinen Aufsatz fertig mache,
Wie Cicero zu preisen sei!
Welch öder Firlefanz!
Nüchterner Mummenschanz!
Da hat man mit vergilbten Phrasen
Sich Stund' um Stunde abgemüht,
Die eig'ne Welt wie fortgeblasen,
Die fremde auch nicht aufgeblüht;
Zum Heil dem grauen Schlendrian
Die schöne Zeit mit Nichts verthan.
Wie gähnt mich grenzenlose Leere

Aus diesen Redensarten an!
Zu eines seichten Schwätzers Ehre
Wie man doch klassisch lügen kann!
Mir scheint, wenn ich es recht erwäge,
Wie wenn ich Herz und Hirn zersäge,
Aushöhle all mein junges Mark
Mit dem verfluchten Phrasenquark.
Ja, wär' es einzig dieser Fetzen,
Herbaumelnd aus zerfall'ner Zeit,
Man möchte sich noch dran ergötzen,
Doch soll ich all den Wahnsinn schätzen,
Aufbäumt der Geist sich mir und schreit.
Das ist ein Plunder
Ohne Gleichen!
Wer wird den Zunder
Der Zerstörung reichen?
Soll das Verderben fressend immer weiter schleichen?
Was hab' ich nun in diesen Jahren
Gelernt, gesehen und erfahren?
Zu welcher Stufe klomm der Geist,
Daß für das Leben
Der Schule Frucht sich endlich reif erweist?
Das Herz im Busen fühl' ich mir erbeben.
Mit all' den Zahlen, Formen, Regeln
Soll ich durch Wind und Wellen segeln?!
Ich hör' die Welt da draußen branden,
Ein Schauder fährt mir durch's Gebein,
Ein blinder Schiffer muß ich stranden,
Will ich nicht purer Ballast sein.
Wohl lernt' ich im Abstrakten schweifen,
Doch nimmer Wirkliches begreifen,
Die Sinne, ungeübt, erschlafft,
Verloren längst Geschick und Kraft,
Und kläglich klein ist meine Wissenschaft.

Zwar kann ich Roms Monarchen haspeln
Von Cäsar bis Augustulus
Und ciceronisch Süßholz raspeln
Zum Ueberdruß.
Zwar kann *tŷui* ich konjugiren,
Am Schnürchen rattr' ich's nur so hin,
Doch muß ich mich vor mir geniren,
Frag' ich mich einmal, wer ich bin.
In manchem Schmöker mußt' ich lesen,
Drin schwarzer Tod die Lettern nur,
Vernagelt ist mir stets gewesen
Das Buch der schaffenden Natur.
Dem dürstend aufgethanen Sinn
Warft Ihr nur taube Hülsen hin,
Und nach dem Brunnquell geistigen Lebens
Hab' ich geschmachtet, ach, vergebens.
Ich mache Euch ein brav Examen
Und rede noch zum Publikum,
Den eingelad'nen Herrn und Damen,
De regibus Macedonum
Und bin ja doch — in Gottes Namen! —
So über alle Maßen dumm.
Nichts trag' ich aus der Schule fort,
Nur meine Jugend — laß' ich dort.
Gepfropft mit Reisig der Verstand;
Des Geistes Glut, des Herzens Liebe,
Die Schossen all', die grünen Triebe,
Die Lust zur That, des Sehnens Brand,
Geraubt mit kalter Mörderhand.
O weh, bei dem, was schön und wahr,
Bei Jener, die mich schwer gebar,
Bei meiner Mutter Lieb' und Treu,
Dir fluch' ich, Schule, sonder Reu,
Die meiner Jugend Feierkleid

Mit dürrer Bettelfaust zersetzt,
Die meine gährende Heiterkeit
Mit der Ermattung Gift zersetzt;
Die den emporgereckten Sinn
Zum Kleinlichen herniederzwang,
Ich fluche dir, Zerstörerin,
Ich fluche dir mein Leben lang!...
Wie dieser Docht, der trüb verblinkt
Und schwalgend durch das Zimmer stinkt,
Sollst du verglimmen und verglühn,
Daß möge ein Geschlecht erblühn,
Von einem neuen Licht genährt,
Von einem neuen Geist verklärt,
Verkümmert nicht bis in den Tod...
Wie wird mir! Wirf das Fenster auf!
Unseliger...
      Das Morgenroth!

Nur zu feilschen . . .

Nur zu feilschen, nur zu handeln
Wie am Tag die Seele irrt! —
Längs den Wellen will ich wandeln,
Bis sie ganz geräuschlos wird.

Sonne sinkt mit üppigen Gluten,
Die zur lauten Messe lacht,
Feierlich auf dunklen Fluten
Ruht die Nacht...

Die Braut.

Im Frühling,
Im Frühling,
Da wird es geschehn!
Wenn auf sonnigen Matten
Die Blumen sich gatten,
Hochschwellende Brunst
Die Drossel lehret des Liebes Kunst.
Wenn die weichen Lüfte
Durch's Fenster wehn
Und Rosendüfte
Durch's Brautgemach gehn,
Wenn gebrochen vom Lenzsturm des Eises
Jungfräulich aufächzender Bann,
Wenn die Bäche sich üppig ergießen,
Dann darf ich genießen, genießen
Den herrlichen Mann ...
An meinem Nacken
Sein blasses Haupt,
An meinem Herzen
Sein edles Herz,
Stirbt Leid und Verdruß
In stürmischem Kuß,
In unserer Wonnen
Ueberfluß.
Entgegenjauchzet mein Leib ihm,
Mein Busen, wie keuchst du schwer!
Noch schlummert der Schnee im Garten,
Und ich kann's nicht erwarten,
Gott, kann's nicht mehr ...

Die Gattin.

Vöglein, Vöglein!
Pfeifst dein Liebchen gesund
Aus voller Kehle,
Glückliches Vögelein!
Nun gab mir Gott den blassen Mann,
Nun siecht auch Leib und Seele.
O Wilhelm!
Wie welk mein Gesicht!
Fiebernde Glut!
Das ist das Gift in meinem Blut.
Leis im Leibe quillt es schon —
Wie wird mir? Wo bist du, Gott?
Erbarmen mir
Und meinem unglücksel'gen Sohn!

Durch Reben fort . . .

Durch Reben fort! Wie sich die Beeren blähen
Gedrängt, mit süßer Herbigkeit erfüllt!
Verschwenderische Lichtsaat auszusäen,
Hielt selten nur die Sonne sich verhüllt.
Was schimpft der Bauer? Holde Rangen krähen,
Im Stalle dumpf die brave Milchkuh brüllt,
Die Jauche duftet lieblich in die Nase,
Frei werden rings die wirkungsvollsten Gase.

Nur hügelaufwärts! Jetzt den Blick gewendet!
Rechts unten Zürich, hier des Seees Flut.
Kein übermüthig blauer Himmel blendet
Das Auge mir, das wohlgefällig ruht.

Die grünen Höh'n, mit feinem Schnee geründet, —
Mir wird so friedlich weihevoll zu Muth:
Behutsam spielt der Wind im Apfelbaume,
Leicht über'm Haupt mir schaukelt sich die Pflaume.

Genieße willig, was dein Glück beschieden,
Millionen längst durch Barbarei verkürzt,
Fern der Natur verkümmern sie hienieden,
Bis der barmherz'ge Gott die Fackel stürzt;
Die lastenschleppenden Karyatiden,
Mit Nacht gegürtet und mit Noth geschürzt,
Der Sklav' in seines Joches Eisenklammer,
Des Sklaven Weib in ihres Siechthums Kammer.

Allmutter Erde breitet ihre Reize
Für jedes offene Menschenauge dar;
Doch freche Gier, gepaart mit bösem Geize,
Stiehlt jede Lust der unterdrückten Schaar.
Daß prahlerisch die Ueppigkeit sich spreize,
Schleift die Gewalt das todte Recht am Haar:
Tagaus, nachtein an rasselnden Maschinen
Muß der Helot das nackte Sein verdienen.

Unhörbar auf des Mooses weicher Decke
Durchschweift mein Fuß den hohen Fichtenwald,
Es lockt der Pfühl, daß ich mich niederstrecke:
„Hier wirst du träumen, selig träumen bald.“
Was huscht vorbei? Wie ich zusammenschrecke!
„Hinweg, du zarte, reizende Gestalt!“
Ein warnend Sausen brandet durch die Föhren:
Wird's dich bethören? — Wirst du dich empören?...

Erschüttert such' ich meines Heimwegs Pfade,
Schon schwebt durch's Holz die Dämmerung der Nacht,

Das Leben dunkelt — die verschmähte Gnade
Hat für das neue Heil erst Raum gebracht.
W i r sind verdammt, zu suchen. Das ist schade,
Daß wir nur Opfer in der wüsten Schlacht —
Die Nachwelt wird zum Siege wohl geboren,
Uns geht die Palme mit dem Glück verloren.

Zwischen Wiesen . . .

Zwischen Wiesen bin ich geschritten
Durch das gräserbustige Thal,
Meiner Seele Bürden glitten
Langsam nieder im Sonnenstrahl.

Zu der leuchtenden Kuppel droben
Hab' ich den geblendeten Blick
Einmal qualenfrei erhoben,
Wandelnd über meinem Geschick.

Denn nur Pein ist all das Mühen
In der jochgefesselten Welt,
Deine Gluth mußt du versprühen,
Daß ein Schubiak Recht behält . . .

Sanft geglättet ruht der Wille
Sonder Wirbel, Sprung und Fall,
Lässig lausch' ich leiser Grille —
Schweigt des Lebens Wiederhall.

Zwischen dem krabbelnden Gewürme,
Unter dem schattigen Birnenbaum —
Ach, ihr Leidenschaften und Stürme
Seid im säuselnden Wind ein Traum.

Thorenlied.

Ich bin der Herr von Unverstand,
Im Lande Wahn geboren,
Durch Mangel an Vernunft bekannt,
Ich bin der Thor der Thoren.
Ich kann in der verständ'gen Welt
Vernünftigkeit nicht taugen,
Ich bin ein großer Träumerheld
Mit off'nen Kinderaugen.

Ein wunderbarer Schleier hängt
Auf meiner Netzhaut nieder,
Im Herzen sich gebiert und drängt
Ein Quell geheimer Lieder.
Ein jeder Schmerz mir Bruder ist,
Und Schwester jede Freude,
Denn meine liebe Mutter, wißt,
Heißt Herzeluft und -leide.

Mein träumend Auge Wahrheit trinkt
Aus unbekannten Quellen,
Und jeder Flittertand versinkt
In ihren schnellen Wellen.
Mitleidig seh' ich Sturm und Streit
Bethörter Menschensippen,
Ein Lächeln aller Eitelkeit
Umkräuselt meine Lippen.

Ich trage einen großen Hut
Mit einem breiten Rande.
Mein Antlitz wärmt verstohl'ne Glut
Nach süßer Kontrebande.

Jüngst hab' ich eines Engels Hand
Zum Preis mir auserkoren —
Ich bin der Herr von Unverstand,
Ich bin der Thor der Thoren.

Schon dämmert es . . .

Schon dämmert es, Ihr gnädigen Frau'n,
Ein Kaffee noch, Ihr Herren!
Ich hör' den Wind im Morgengrau'n
Ein dummes Liedchen plärren:

Die mit der Lüge buhlen gehn,
In Tand und Schein verloren,
Die mögen nie Gespenster sehn,
Unwendbar aufbeschworen.

Jäh packen sie der Seele Mark
Mit grausenvollen Händen,
Und wer nicht rein, und wer nicht stark,
Brennt in verruchten Bränden.

Und wer nicht gut und wer nicht wahr
In der Gemeinheit Bunde,
Dem hangt das Schwert ob Haupt und Haar,
Den hetzen alle Hunde.

Der falsche Flitter stiebt vom Leib,
Der Aussatz tritt zu Tage,
Und unser ganze Zeitvertreib
Klagt schauerliche Klage.

Die mit der Lüge buhlen gehn.
In Tand und Schein verloren,
Die mögen nie die Wahrheit sehn,
Die Thoren.

Der Wind ist doch ein dummer Wicht.
So in den Wind zu knören,
Die Tanzgesellschaft liebt es nicht.
Auf Windgeschwätz zu hören . . .

Viel Trauben schwellen . . .

Viel Trauben schwellen an den Reben,
Gelb runzelt sich das Lindenblatt,
So quillt und welkt mein Erdenleben,
Saftüberfüllt und sterbensmatt.

Gehorsam Glied wie alle andern
Der gährend-modernden Natur
Durch Tod und Fülle muß ich wandern
Des Daseins uralt frische Spur.

Die Winterwasser rauschen . . .

Die Winterwasser rauschen.
Dem Bache muß ich lauschen,
Der unterm Brückstein quillt:
So rauscht das junge Leben

Und will das Schicksal heben
Und gurgelt so und schwillt;
Die Quadern bleiben liegen,
Das Wasser muß sich schmiegen,
Und schäumt's auch noch so wild.

Die Dampfwalze.

Sieh die schwere Walze dampfen,
Milliarden Steine stampfen,
Vergewaltigt Stück um Stück —
Arme Menschheit, dein Geschick!

Grand und Kiesel auf dem Pfade
Wirst zermalmet ohne Gnade;
Lüge, Trägheit, Unrecht, Raub
Dampfen, stampfen dich zu Staub.

Der Pessimist.

Die Sonne scheint, die linden Winde fächeln,
Mich aber soll'n sie nicht noch einmal ködern,
Ich hab' es satt, zu lieben und zu lächeln,
Und mich zu schmücken mit erborgten Federn.

Zu lange schon bin ich ein Kind gewesen,
Gefoppt durch der Verstellung Winkelzüge;
Im Buch der Weisheit lernt' ich endlich lesen:
Das Sein ist Nichts und Alles — Alles Lüge.

Was faselt ihr von rosenrothen Freuden
Im Frühlingsblüthengarten dieser Erde?
Die Viper der Natur seh' ich vergeuden
Ihr widrig Gift mit grinsender Geberde.

Für diesen Dreck — mir krampft's die Brust zusammen —
Was flammt ihr noch zu rischer Glut, ihr Thoren?
Erwürgen möcht' ich meine kargsten Flammen
Und wollt', ich wäre nie zur Welt geboren.

Geboren werden, altern und verderben —
Daß doch die Pest das bischen Sonne hole!
Des Lebens Rettungsanker ist das Sterben,
Sein Füllhorn du, barmherzige Pistole!

Wand'rer.

Brause nur, Winterwind, brause
Ueber die Berge, das Thal!
Nirgend bin ich zu Hause,
Wand're nur, wand're voll Qual.

Rosen, Syringen und Flieder,
Ach, wie so lange verblüht!
Frosthauch schüttelt die Glieder —
Bin zum Sterben so müd'.

O wer hilft mir.

„O wer hilft mir, diese Last
Felsenwucht'ger Leiden tragen?
Dieser Sturm, der mich erfaßt,
Wird mich auch zu Boden schlagen."

Lieber, quält dich schwerster Schmerz,
Mußt du ihn am leichtsten fassen,
Denn ein echtes Dichterherz
Darf sich nicht verblüffen lassen.

Tanz und Glanz . . .

Tanz und Glanz,
Fastnachtsschanz,
Fliehen im Schwarme,
Blühende Arme,
Schimmernde Nacken,
Flackernder Scherz,
Will's dich nicht packen,
Zögerndes Herz,
Carnevalwärts?
Ach, am Pfeiler stolz gelehnt,
Lächelnd schaust du nieder,
Ob dein Sinn sich sacht auch sehnt
Nach dem straffsten Mieder.
Tummeln in der Flüchtigkeit —
Willst du's niemals wagen?
Immer nur das fremde Kleid

Selt'ner Seelen tragen?
Fürchtest wohl, der Flitter bleibt
Haften am Gewande?
Tolles, was die Menschheit treibt,
Wo sie lebt und liebt und leibt
Auf dem ird'schen Lande,
Bringt nicht Schuld noch Schande.

Ich sattle mir . . .

Ich sattle mir den Schimmel,
 Einst Pegasus genannt,
Und reite durch Erde und Himmel,
 Die Zügel in sichrer Hand.

Dem alten Dichterpferde
 Ist meines nicht mehr gleich,
Sein Huf berührt die Erde,
 Seine Nüster des Aethers Reich.

Der Schenkel stampft die Scholle,
 Die Mähne schweift im All —
O traurig wundervolle
 Jagd durch den Weltenball!

Planeten seh' ich kreisen,
 Gestirne blendend lohn, —
Ich höre jeden leisen
 Menschlichen Klageton.

In unermeßbare Weiten
　Mein suchend Auge irrt —
Jede Thräne fühl' ich gleiten,
　Die hier geweinet wird.

Erschauernd faßt die Seele
　Des großen Einklangs Bild —
Im Schmerz erstickt die Kehle:
　O wundes Menschenbild!

Fand nun die fremde Stätte
　Ja doch an keinem Ort,
Die mir verkündet hätte
　Das letzte Lebenswort.

Die Jagdlust ist vergangen,
　Todmüde wacht mein Sinn —
Ich lasse die Zügel hangen
　Und trabe langsam hin.

Du Glied im Universumsring . . .

Du Glied im Universumsring,
Du Laus, die kaum zu sehn,
O wunderbares Menschending,
Könnt' ich dich je verstehn!

Aus gleichem Stoffe wie das All
Und aus der gleichen Kraft,
Verwandt mit Pflanze, Schlamm und Schall,
Mondlicht und Himbeersaft.

Gemeiner als das liebe Vieh
Trotz Sokrates und Kant,
Und dennoch eingebildet wie
Ein preuß'scher Lieutenant.

Erhab'ner als der liebe Gott
Trotz Stöcker, Schönthan, Most,
Und doch der reine Hottentott
An geist'ger Massenkost.

Zahlloser Schöpfer Schöpfer du,
Mistjunge und Prophet,
Du Sonnenauge, Blindekuh,
Wüstling, Anachoret.

Hier weiß, dort schwarz und kupfern da,
Milchsüppler, Kannibal,
Heut Backfisch, morgen Großmama,
Thorwaldsen und Vandal.

Bald Drossel und bald Krokodil,
Lyriker, Millionär,
Kalbskopf und klassisches Profil,
Fedora und Hetär'.

Schauspieler, Schulrath, Weiser, Tropf,
Theekessel, Salutist,
Rhinoceros und Schlummerkopf,
Liebhaber, Anarchist.

Noch im Momente hoch und hehr,
Im nächsten Liliput,
Puttkamer, Jesus, Wolff*, Homer,
Genie und Straßenschutt . . .

    *) NB. Julius!

Du Glied im Universumsring,
Du Laus, die kaum zu sehn,
Du wunderbares Menschending,
Könnt' ich dich je verstehn!

———

Atheistenprotest.

Ich klage nicht, daß mir die Götter fehlen,
Die demuthsvoll verirrter Sinn umfaßt,
Und schrein zum Herrn noch Millionen Seelen,
Ich bin allein mit meiner Lust und Last.

Der Sklavenkleinheit hab' ich mich entledigt,
Ich flehe nicht um Gnade, nicht um Huld,
Der Gott, den Ihr in Euren Kirchen predigt,
Ist an dem allgemeinen Wahnsinn schuld.

Wer Sold und Sühne sucht in Aetherfernen,
Ist ein armsel'ger, gar bethörter Narr,
So lang die Kinder noch den Glauben l e r n e n,
Bleibt chronisch unser geistiger Katarrh.

In dumpfer Trägheit, faulem Unterjochen
Schleppt Ihr wie Esel Euer elend Loos,
Fühlt Ihr denn nie das Blut im Leibe kochen?
O wartet, wartet nur auf Gottes Schooß!

Wenn Euer Jammerleib zu Staub zerfallen,
Dann sucht nur brünstig nach dem süßen Herrn,
Dann streift sie ab, die weiten Weltenhallen,
Und wandert ruhelos von Stern zu Stern!

Was Ihr begehrt, das wird Euch niemals werden,
Kein Himmel ist und keine Hölle da.
Des Menschen Reich ist nur von dieser Erden,
Hier ist sein Wehe! sein Halleluja!

Und wirft das Unglück mich zu Boden nieder,
Und schwellt die kurze Freude meinen Sinn —
Von Gott frei sing' ich meine Klagelieder,
Von Gott frei hauch' ich meine Wonne hin.

So will ich ziehn . . .

So will ich ziehn mit reinen Sinnen
Zu Seiten der besonnten Flut,
Wie diese Wellen ruhig rinnen,
Meine Seele schaukelnd ruht.

Mich schaut des Himmels milde Bläue
Wie Gottes Riesenauge an,
Und ohne Schrecken, ohne Reue
Wall' ich die verklärte Bahn . . .

Laßt ein ehrlich Lied erklingen . . .

Laßt ein ehrlich Lied erklingen,
Mit Gedankenfracht beladen,
Herzerschütternd müßt Ihr singen,
Dichter von der Wahrheit Gnaden!

Laßt das Rauschen dunkler Zeiten,
Laßt der Menschheit Leidensfluten
Durch den Rhythmenhochwald schreiten,
Durch das Sprachgeäder bluten!

Wühlt empor aus Seelengründen
Schmerzlich unbegriffnes Ahnen,
Ohne Selbstschuld, voller Sünden
Menschen menschlich zu gemahnen!

Keine Schuld, die Ihr nicht schuldet,
Mitverbrecher der Verbrechen,
Was in Euch die Menschheit duldet,
Unerschrocken müßt Ihr's rächen.

Donnerworte schleudernd schmettert
Mit strafftrotzigem Genicke,
Wenn das Unheil Euch umwettert,
Euren Wehfluch dem Geschicke!

Aber lacht mit mildem Strahle
Lieber Sonnenblick hernieder,
Fangt ihn in krystallner Schale
Eurer blitzend bunten Lieder;

Lobt der Liebe schmeichelnd Locken,
Süßes Sehnen und Gewähren,
Spiel gleich Silberalpenglocken
Soll den sel'gen Tand verklären!

Laßt ein tönend Lied erklingen,
Laßt die Welt im Wohllaut baden,
Sinnbethörend sollt Ihr singen,
Dichter von der Schönheit Gnaden!

Nachtfahrt.

(L. Jacoby in Mailand freundschaftlich gewidmet.)

Der Zug durchbraust die Mondscheinnacht,
Die Passagiere träumen.
Ich schau hinaus: Zum Spiel erwacht,
Ihr Feyen unter Bäumen!

Ich schau hinaus: Zum Tanz, zum Tanz,
Du räthselhafter Reigen!
Berückend lockt der Silberglanz,
Der Neck soll geigen, geigen!

Die weißen Leiber säh' ich gern
Anmuthig sich umschlingen,
Das Auge möchte märchenfern
Ins Zauberlichtreich dringen.

Aus Kinderbüchern kenn' ich euch
Und suche euch schon lange —
Hervor aus Laubwerk und Gesträuch
Mit köstlichem Gesange!

In meine durst'gen Augen schlägt
Qualmathem der Maschine;
Das beißt! O wie das schnaubt und fegt
Die schnurgerade Schiene!

Das keucht und schmettert, ächzt und stampft,
Jagt unter mir von bannen,
Das schlotet schauerlich und dampft,
Den Elf, den Elf zu bannen.

Verloren huschen Busch und Ried,
Ferndonnernd geht die Reise —
Was singt das für ein ehern Lied
Statt Silbernixenweise?

„Cyklopenarbeit ist der Rauch,
Cyklopen, die ihm fröhnen!
Poetlein, laß den Nebelhauch!
Des Lebens Speichen dröhnen.

Hörst du das Aechzen unter dir,
Das Keuchen und das Stöhnen?
Noch tragen wir, noch klagen wir
So dulderfern dem Schönen.

Wir schleppen Tag und Nacht die Last,
Ein Kettentroß der Armen —
Das Herz vor Sehnsucht bricht uns fast,
Am Wahren zu erwarmen.

Es rinnt der Schweiß und strömt hinab,
Das Dasein peitscht mit Ruthen,
Der Jammer gräbt ein frühes Grab,
Nie werden wir die Guten.“

Das ächzt und schmettert, stampft und keucht,
Mir fährt's durch Mark und Beine,
Aus meinen Wimpern perlt es feucht —
Die schnarchen rings. Ich weine.

Und in die trüben Augen bricht
Auf einmal weitverflossen
Das blauweiß wunderbare Licht
Zielkündend ausgegossen.

Elektrisch küßt der Flammenkuß
Die tageshellen Hallen,
In eine lichte Zukunft muß
Die freudige Seele wallen.

————

Stolze Karossen mit Fremden . . .

Stolze Karossen mit Fremden
Rollen am blitzenden See;
Schwitzend in drillenen Hemden
Schaffen die Männer am Quai.

„Zürich, liebe Cousine,
Lächelt im holdesten Strahl.“
Keuchend rammt die Maschine
In den Grund den Pfahl.

Vom geschwärzten Gesichte
Wischt der Heizer den Schweiß,
Singt dem göttlichen Lichte
Keine Hymne zum Preis.

————

Lärmen, Brausen!

Lärmen, Brausen, Tosen, Jagen!
Geisterhelles blaues Licht.
Karren, Pferdebahnen, Wagen —
Achte all des Trubels nicht.

Hab' ich doch ein Weib gesehen,
Eh' es im Gewühl verschwand,
Hastig hier vorübergehen,
Das die Seele mir gebannt.
Ach, kein holdes Maß der Glieder
Schmückte griechisch die Gestalt,
Keiner Liebesgöttin Mieder
Uebte reizende Gewalt.
Aber schön in wilden Fluten
Niederfloß das schwarze Haar,
Und in seelenvollen Gluten
Glomm das tiefe Augenpaar.
Auf der nothgefurchten Stirne
Thront' ihr mild ein menschlich Weh,
Die, vor Menschen eine Dirne,
Rein vor Gott wie Firnenschnee.
Schwerer Arbeit saure Plage,
Harter Frohnden trübe Last —
Ohne Murren, ohne Klage
Kehrte sie zu karger Rast.
Kehrte wohl zu ihrem Knaben,
Der die Mutter lächelnd grüßt,
An dem Kusse sich zu laben,
Der entehrte Noth versüßt.
Eile, Mutterliebe, eile,
Die kein stolzer Sänger nennt,
Dulde, daß ich bei dir weile,
Der dein Herz von fern erkennt!
Was im Sinn mir wühlend gährte,
Läuterte zu reinem Leid
Deine rührend schmerzverklärte,
Heldengroße Herrlichkeit.

Ferienkolonie.

Ein Kaufbazar für Ferienkolonieen?
Geh', Schwager, geh'! Das Ding gefällt mir nicht;
Wohlthätigkeit muß im Verborg'nen blühen,
Ein scheues Veilchen, weltfern, duftig, schlicht.
Ihr plärrt: Es soll die linke Hand nicht wissen ...
Vom Wittwenscherflein und dergleichen mehr —
Ach, Euer Christenthum ist halt „beschissen",
Die Hand vollauf — das Herz, das Herz ist leer.

„Du bist ein hochnothpeinlicher Geselle,
Man muß die Menschen nehmen, wie sie sind,
Hier wird die Eitelkeit zur guten Quelle
Und schafft Genesung manchem ärmsten Kind.
Der mag're Bube hüpft auf grünen Triften,
Die blasse Maid sich kreuzfidel gesund,
Zieh' deinen Beutel — später magst du stiften
Den stillen Kämmerleinchentugendbund."

Der veilchensuchende Bräutigam.

Kind, komm hieher, wollen uns bücken,
Liebliche blaue Veilchen pflücken!

Wie der Schäker unter den Hecken
Halb sich zeigen und halb verstecken!

Scheu und zage wie du, mein Herz,
Aber das duftet auch allerwärts.

Ei, was bist du mir flink und geschickt!
Schon ein reizendes Sträußchen gepflückt.

Und ich Faulthier habe erst zwei
Und noch ein Hundeveilchen dabei.

Was? Du willst mir deine spendiren?
Danke ergebenst auf allen Vieren.

Blumensuchen, das habt Ihr los,
Du verstehst es erst ganz famos.

Bist überhaupt eine kostbare Pflanze —
Hätt' ich dich gleich unter'm Myrthenkranze! ...

Dichter Julewin.

Im ersten Stockwerk elegant
An feinster Lage von Berlin
Wohnt der gewesene Fabrikant
Und jetzige Dichter Julewin.
Er ist bekannt im ganzen Land,
Und alle Blätter rühmen ihn,
Dieweil zur Mode mit Verstand
Er alsobald emporgediehn.

Das Leben braust vor seiner Thür,
Elektrisch flammt das Straßenlicht,
Doch Studien à la nature
Sind Julewinens Sache nicht;
Er holt ein altes Buch herfür
Mit sehr romantischem Gesicht
Und fabrizirt dann mit Manier
Ein süßes Poesiegedicht.

O Ribewanz und Hoppedanz,
O Falkenier und Hinkeldey,
O Klingeling und Rattenschwanz
Und Singesang und Lureley!
O herrlicher Trochäenkranz —
Hoiho, juhu, hohiahei!
Die Julewin'sche Eleganz
Das ist die wahre Poesey.

Er schwinget wohl den Zauberstab
Der Mittelalterphantasie,
Frau Minne steigt aus ihrem Grab
Mit einem großen Juvheibi!
Ein Wegpoet und Singeknab
Giebt Verse drein, man weiß nicht wie,
Ja, Julewinens Rhythmentrab
Trabt rastlos wie das liebe Vieh.

Herr Julewin verdient viel Geld,
Denn seine Verse gehen gut,
Er reitet und die Meute bellt
Der unverschämten Neiderbrut.
Zumal die junge Dichterwelt
Ist lange schon in starker Wuth,
Weil solches Zeug für Plunder hält
Ein echt modernes Dichterblut.

Ich aber bin Herrn Julewin
Um Mammon und um Ruhm nicht gram,
Mitleidig nur bedaur' ich ihn
Und seinen ganzen Flitterkram,
Sowie, die seiner Poesien
Sich freuen geist= und seelenlahm —
Mich labt ein Quell von Melodien,
Der aus der eignen Seele kam.

Frau Finkenstein an ihre Tochter Eva.

Höre, Kind, und laß dir sagen,
    Was zu dir die Mutter spricht:
Einen Namen sollst du tragen,
    Einen Namen von Gewicht!
Herr von Prittwitz=Prattwitz=Prottwitz —
    Warb vertraut um deine Hand,
Dem die Kittwitz=Kattwitz=Kottwitz,
    Hörst du? Kottwitz! — stammverwandt.

Und vernimm, was ich dich lehre!
    Wisse, Tochter, solch ein Mann
Ist die allergrößte Ehre,
    Die uns widerfahren kann.
Alter Adel — welche Wonne!
    Blaues Blut — nun wird es dein!
Herrlich strahlt des Glückes Sonne
    Ueberm Hause Finkenstein.

Eva, Eva — laß dich preisen,
  Zogst du doch ein großes Loos,
In den allerhöchsten Kreisen
  Trägt man nun dich auf dem Schooß.
Der Gesellschaft stolze Spitzen
  Küssen — Evchen! — dir die Hand,
Deine Diamanten blitzen
  Weit hinaus ins Vaterland.

Keiner fragt, was wir gewesen,
  Wenn der Herr uns so erhöht,
Daß im Winkel hinterm Tresen
  Tüten, Tüten wir gedreht.
Keiner fragt, wie wir geworden,
  Was wir Gott sei Lob nun sind,
Vor dem Glanze unsrer Orden
  Werden alle Eulen blind.

Was verziehst du so dein Mäulchen?
  Daß nicht jung mehr der Gemahl?
Ach, du bist ein kindlich Veilchen —
  Daß sein Witz ein wenig schal?
Geistreich strömt's von allen Seiten
  Für superbe Kost dir zu —
Kleinigkeiten, Kleinigkeiten!
  Welch' ein dummes Ding bist du!

So, jetzt laß' ich dich alleine —
  Prottwitz bleibt nach dem Souper;
Du verstehst wohl, was ich meine?
  Sprich nur Ja — noch mal: o jeh?!
Seufzer sind hier überflüssig,
  Laß doch den Poetenkohl!
Dein Papa und ich sind schlüssig,
  Das genügt dir. Lebe wohl!

Stoßseufzer eines Bierphilisters.

Und hier Krawall und da Krawall,
Die Ruh' ist hin auf Erden,
Es gährt und brodelt überall,
Was soll noch daraus werden?
Von Völkerkrieg und Weltenbrand
Berichtet mir die Zeitung,
Der Sozialismus wächst im Land
Zu rasender Verbreitung.

In seinem Eispalast der Czar
Ist hochnervös besessen,
Vom Russenhund wird der Bulgar
Lebendig aufgefressen.
Der Franzmann nach Revanche schreit
Von Tag zu Tage wüster,
Der Kaiser hat die Heiserkeit,
Der Horizont ist düster.

Wenn Bismarck nur am Leben bleibt,
So kann sich's wohl noch halten,
Doch daß er's mit dem Papste treibt,
Mißfällt mir an dem Alten.
Bald sitzt der schwarze Jesuit
Uns wieder auf der Pelle —
Daß Bismarck nach Canossa zieht,
Ist seine wunde Stelle.

Noch eine Tulpe Lagerbier! —
Schon wieder Sprengstoffkisten!
Oh, über Alles schaudert mir
Vor diesen Anarchisten.
Lärm und Spektakel Knall und Fall,
Die Ruh' ist hin auf Erden,
Es gährt und brodelt überall —
Was soll noch daraus werden?

Verehrte Herren Critici . . .

Verehrte Herren Critici,
Ich will euch 'mal was sagen:
Es maufert sich die Poesie
In diesen jüngsten Tagen.
Nun merket, wie sie mannbar wird!
Das Piepsen hat ein Ende;
Sie redet rauh und ächzt und girrt
Und guckt auf ihre Lende.
Schon zuckt durch ihren sehnigen Leib
Vorwonne süßer Feier,
Und an den Nagel hängt das Weib
Die liebe Kinderleier.

Epistel.

Herr Redakteur, Sie bitten um Novellen?
In diesem Fache leiste ich noch nichts.
Das Publikum mit Schülerschund zu prellen,
Ist Sache jedes Literatenwichts.
Die Studien, die ich novellistisch treibe,
Gehören einzig in's verschwiegne Pult,
Doch was ich hier und da in Versen schreibe,
Empfehl' ich ganz ergebenst Ihrer Huld.
Viel schlauer ja, in Prosa breitzutreten,
Was Reim und Rhythmus straff zusammenpreßt,
Wer wacker Spalten füllt, der macht Moneten,
Mit denen sich's behaglich leben läßt.
Doch der Poet, der in gemess'nen Zeilen
Dem Publikum sein Innerstes enthüllt,
Mag heute noch mit Zeus den Himmel theilen,
Indeß vor Hunger seine Börse brüllt.
Ist hier der Ort, darob zu lamentiren?
Was schiert den Leser eines Dichters Noth?
Ein deutscher Dichter muß zuerst krepiren,
Dann sammelt man für seine Waisen Brot.
Geschieht ihm recht! Er ist noch stets der Töffel,
Der seine Waare absetzt unter Preis,
Das Kapital barbiert ihn über'n Löffel,
Weil er sich einfach nicht zu helfen weiß.
Ich bitte Euch, Ihr guten Kameraden,
Die Ihr den Werth der eignen Arbeit schätzt,
Nur fordern! Trotzt das Unrecht, kann's nicht schaden,
Wenn einen Strike Ihr stramm in Scene setzt.

Mag dann vom Abhub seichter Stümpereien
Sich mästen ein germanisches Journal!
Der Reimer, die nach Druckerschwärze schreien,
Giebt's infusoriengleiche Ueberzahl ...
Verehrteste — wovon soll ich Euch melden?
Von dem, was Euch vom Alltagswust befreit?
Ach Gott, nähm' einen Lieutenant ich zum Helden,
Ihr schenktet gleich mir die Unsterblichkeit.
Soll ich vielleicht in farbenvollen Bildern,
Ein zweiter Ludwig Pietsch der Poesie,
Ihr Gnäd'gen, Eure Toiletten schildern?
Ihr schätztet, prieset, rühmtet mich wie nie.
Soll ich in windelweich gerührten Weisen
Euch loben, daß Ihr gute Christen seid?
Soll Eure Kirchengängerschaft ich preisen
Und Eure Ferienbarmherzigkeit?
Soll vom Ballet, vom Rennsport ich erzählen,
Mehr werth als aller ideale Quark,
Soll ich vielleicht zum Helden gar erwählen
Den Grafen Henckel mir von Donnersmark?
Wünscht Ihr, daß sich effektvoll und exotisch
Ein afrikanisch Wandelbild enthüllt,
Begehrt Ihr, daß schwarzweiß hochpatriotisch
Ein Kaiserhymnus meinem Mund entquillt?
Nichts da! Ihr kennt den eitelen Gesellen,
Den Egoisten, den Poeten nicht,
Er schiert sich viel um Eure Bagatellen,
Steckt selber stets in jeglichem Gedicht.
Mit seinen souveränen Launen, Trieben
Treibt er vor Euch sein arrogantes Spiel,
Und hat er ein melodisch Lied geschrieben,
Er zittert nicht, wie's Hinz und Kunz gefiel
Meint Ihr, ich sollte Euch mich anbequemen?
Meint Ihr, ich sollte Euch zu Willen sein?

Weit beffer wär's, Arfenik doch zu nehmen,
Als um das Neutrum Publikum zu frein.
Ich bitte Euch, fo thut nur nicht beleidigt!
Die lange Schmeichelei hat Euch verwöhnt.
Wenn der Poet nicht mehr fein Selbft vertheidigt,
Als Allerweltsnarr wird er noch verhöhnt.
Genug davon! Der Standpunkt ift gewonnen,
Ihr mögt nun kritifiren, wie Ihr wollt,
Mich f r e i zu g e b e n, war ich ftets gefonnen,
Ob Ihr nun Beifall lächelt oder grollt . . .

Der innere Erbfeind.

(Reichsbardenlied.)

„Als unfres alten Erbfeinds Wüthen
Den alten deutfchen Rhein begehrt,
Da zogen wir, um ihn zu hüten,
Das alte deutfche Heldenfchwert.
An unferer Spitze ritt der Kaifer,
Deß Haare lang fchon filberweiß,
Im Schmucke grüner Lorbeerreifer,
Der alte deutfche Ehrengreis.

Der Erbfeind ward auf's Haupt gefchlagen,
Weil's Gott mit uns fo gut ftets meint,
Doch hebt fein Haupt zum fchnöbften Wagen
Von innen wohl ein fchlimm'rer Feind.
Ift fchlimmer noch als Gallierrotte
Und hauft in unf'rer eig'nen Mitt',
Der ohne Scheu vor feinem Gotte
Das Heiligfte in Staub ja tritt.

Der rothen Fahne gilt sein Streben,
Im Herz ihm nistet Hochverrath,
Er ist der feilen List ergeben
Und unterbohrt Gesetz und Staat.
Das Dynamit ist seine Sache,
Fluch! Nitroglycerin sogar!
Laßt halten drum uns treue Wache
Für König, Sitte und Altar!"

Der patriotische Student.

Eine kühle blonde Weiße!
Arg an Feuchtigkeit gebricht's,
Denn ich redete im Schweiße
Meines deutschen Angesichts.
Nörgler mußte niederstampfen
Meiner Worte Donnerwucht,
Doch in ihrem Blute dampfen
Seh' ich die Verrätherzucht.

Deutschland, Deutschland, ewig großes,
Nie genug gelobtes Land,
In dem Tempel deines Schooßes
Hockt noch Trug und Unverstand.
Dieser schamentblößte Schwanzler,
Ein germanischer Student,
Tadelte des Reiches Kanzler —
Himmelbombenelement!

Zog der Lump in seine Pfütze
Den erhaben reinen Geist,
Der mit nationalem Blitze
Schwärmerischen Dunst zerreißt;
Der des Thrones Felsenstütze,
Den ein jeder Edle preist,
Höhnt das Lork mit schnödem Witze.
Wie ein Schwein auf Goldlack —

Aber sattelfest geschwind wie
Nur ein preußischer Ulan
Hab' an dem gemeinen Rindvieh
Stramm ich meine Pflicht gethan.
Herrgott, dem hab' ich's gegeben,
Tränk's ihm noch per Säbel ein,
Bismarck, Du geliebtes Leben,
Bismarck, darfst zufrieden sein.

Aus diesem schreienden Gedränge . . .

Aus diesem schreienden Gedränge
Hebt mich der Seele reiner Klang,
Aus dieser grauenvollen Enge
Der Freiheit kühnster Sternengang.

Den schweren Körper fühl' ich schwinden,
Der jammervoll zu Staub zerbricht,
Viel bunte Blumen seh' ich winden
Mein Lieb' im goldenen Aetherlicht . . .

Klingelbeutel.*)

Der Klingelbeutel klingelt im Kirchenstuhle:
Almosen den Hungerleidern in uns'rer Schule!
Viel hundert Kinder hungern von Tag zu Tage,
Die ‚Presse' schreibt es, das Faktum ist außer Frage;
Barmherzig war der biedere Wiener von je,
Mit Eurem goldenen Herzen o stillt das Weh!

Den braven Bürger kitzelt's gütig und gruselt's,
In seinem faulen Hirne dämmert's und duselt's.
Am Hungertuche — kaum glaublich scheint die Geschichte,
Vorläufig gebe man ihnen Erbsengerichte!
Drei Deziliter! Hülsenfrüchte sind gut,
Fleischkost, ja, ja, verdickt und verdirbt das Blut.

Nun wird der Rahm der Humanität gebuttert,
Die armen Gören privatwohlthätig gefuttert;
Des echten Christen Wohlthat muß sich verzinsen;
Drum opfern mild wir Erbsen, Bohnen und Linsen;
Der Fabrikant bekreuzt sich und denkt: Parbleu!
Helft, helft! Die industrielle Reservearmee!

*   *   *

Ich aber sage euch: Alles muß anders werden,
Ein groß Geräusch wird fahren über die Erden!
Aus allen Winkeln hör' ich es heimlich brausen,
Meine dunkle Seele durchzuckt ein leuchtend Grausen:
Der Klingelbeutel empörter Natur geht um,
Ihren Kreuzer die Dirne opfert und weinet stumm.

———

*) Cf. Wiener ‚Presse': „Die hungernden Schulkinder."

Versunken in Erinnerung ...

Versunken in Erinnerung
Nicht wandle deine Pfade!
Ausschaue wach, ausschreite jung
Und vorwärts ohne Gnade!

Die du gefühlt, die Leidenschaft,
Geht dir ja nie verloren,
Sie rollt in deines Blutes Saft,
Ist einmal sie geboren.

Sie tränkt mit Neubegeisterung
Die wandelbare Seele,
Daß sie getreuer Huldigung
Sich wandellos befehle.

Die Sonne leuchtet auf dem See,
Die Silberflämmchen spielen —
So immerdar durch Lust und Weh
Mit dauernden Gefühlen!

Der Corpsbursch.

(Herrn Pacifico Valabrega, Mailand, freundschaftlich dedicirt.)

Seht den Corpsier stolziren!
Kolossal! Feudaler Schmiß!
Was? Du wagst zu protestiren?
Steckt den Kerl in Bierverschiß!

Diese Narbe auf der Stirne,
Ehrenfurche lang und breit,
Jedem echten Burschenhirne
Sinnbild strammer Schneidigkeit.

Durch die Gasse auf und nieder
Protzt der noble Studio:
Renommage Blick und Glieder
Bis zum Scheitel des Popo.
Dieses Käppi, dieses Bändchen,
Diese Posse, dieser Chic!
Ein repräsentables Endchen
Haarzopf baumelt im Genick.

Heil dir, Corpsbursch, schönste Blüthe
An dem Riesenbusch der Zeit!
Durch mein trunkenes Gemüthe
Duftet deine Herrlichkeit.
Schmiß — Verschiß — Bierjunge — hängen!
Abgestochen! Juden 'raus!
Brüder, preist in Hochgesängen
Das erhab'ne Herrscherhaus!

Schwül.

Das Leben schwankt durch Nebelgrau
Mit Flügeln müd' und bleiern . . .
Wohin ich hellen Auges schau',
Nur Spuk von Dunst und Schleiern.

O bräche, bräche doch einmal —
Sonst wird mein Blick noch blöde —
Ein wilder Blitz, ein heil'ger Strahl
Durch diese Grabesöde!

Dem Vaterland.

Sonnenlichte Ufer kränzen Berge, zartgesäumt mit Schnee,
Und die Fluten seh' ich glänzen blendendhell im Zürichsee;
Dunkelsäulig seh' ich's rauchen, einen Dampfer nehm' ich
wahr,
Schauend meine Augen tauchen in den klaren Februar.

Wie mich meine Blicke tragen, wie mich hebt der Sehnsucht
Flug,
Wo des Glärnisch Spitzen ragen, stolz sich reckt der Alpenzug!
Aus den Banden, die sie zwingen, aus der Enge dürftigem
Schooß
Ach, wie ringt auf schwellenden Schwingen sich die brünstige
Seele los!

Tief in Noth hab' ich geschmachtet diese schwere Leidensnacht,
Habe dich, mein Volk, verachtet, hab' dir meinen Fluch ge-
bracht;
Heißer Thränen stürzende Fluten flossen auf den Pfühl der
Qual,
Läßt dich peitschen ja mit Ruthen von der mächtigen Dränger
Zahl.

Freiheit, Freiheit, o du ferne, ferne meinem Vaterland,
Gieb mir, daß ich hoffen lerne noch auf deine Segenshand!
Weh, mein Deutschland, wirst gezwungen in ein schnödes Bett
der Noth,
Doch dem Handstreich, feig gelungen, winkt ein blutiges
Morgenroth!

Poema.

Schon will der liebe Morgenschein, indeß die Vöglein singen,
Mir in die Kemenat' herein mit süßem Lächeln springen;
Der du in diesem stillen Thal mich oft geweckt am Morgen,
Sei mir gegrüßt, mein holder Strahl, du lichter Tod der
Sorgen.
Aufdringlich plagt die Finsterniß verworr'ner Seelenkämpfe,
Und wie der Qualm Johannen Huß umbrau'n mich Nebel-
dämpfe:
Die große Eitelkeit der Welt, die Rohheit, Dummheit, Lüge,
Und die mich stets am Grips noch hält, der eig'nen Schwach-
heit Rüge;
Der Zweifel an beruf'ner Kraft, Mißtrau'n in stolze Sendung,
Die ungestillte Leidenschaft, die Sehnsucht nach Vollendung;
Ein ganzes Bündel von Ideen, ein wunderbarer Krempel,
Ach, könnt' ich aus mir selber gehn, ich schmiss' ihn aus dem
Tempel.
Doch da ich mal Karl Henckell bin und leider nicht Hans
Meier,
So führ' ich meinen Extrasinn und meine Extraleier.
So leb' ich in den Tag hinein und liebe gute Leute
Und setze über Stock und Stein, bellt hinterdrein die Meute.

Herrn Drill und Söhne lieb' ich nicht, der Kanzler ist mir
schnuppe,
Des freien Lumpen Angesicht ist schöner als 'ne Puppe.
's ist Keiner besser als der Lump, verreckend hinter'm Zaune,
Ein Jeder lebt auf Schicksals Pump und tanzt nach seiner
Laune,
Und wenn du recht natürlich hopst, bist du mir zehnmal
lieber,
Als wenn du dich in Schienen stoppst, die Krinoline drüber...

Vater Regierungsrath
an seinen Sohn Gymnasialabiturient.

Es sei uns immer angelegener,
Menschlichkeit zu zeigen, als Lebensart.
Lessing.

Mein lieber Sohn, in's hohe Leben
Beginnst du die gewagte Fahrt,
Drum laß noch einen Rath dir geben:
Hiß auf die gute Lebensart!
Bis zum Ministerportefeuille
Ist's immerhin kein leichtes Stück,
Die gute Lebensart, das seh' ich,
Macht noch am sichersten ihr Glück.

Gedanken — quasi Nebensachen,
Privatschatulle, Sekretär!
Eins gilt: dich angenehm zu machen —
Versteh' es nur, es ist nicht schwer.
Die Wahrheit laß mir aus dem Spiele!
Mit Unwahrheiten nicht gespart!
Geh' unter im Gesellschaftsstile,
Geh' auf in guter Lebensart!

Zwar sind Konflikte unvermeiblich
Mit dem, was dich als Mensch chokirt,
Beschwichtige dein Herz nur leiblich,
Es wird von selber stilisirt.
Sieh', Fritz, notorische Canaillen
Giebt's allenthalben protegirt,
Die wie ein Schneider seine Taillen
Die gute Lebensart studirt.

Das bejahrte Freudenmädchen.

Schleiche auf dunklem Flur. Schleppe grauen Gram.
Bin ja, bin ja nur eine alte Hur'; habt mich für Geld.
Kenne auf der Welt keine Scham — ein Thier!

War doch auch ein Kind, rein wie ihr, las in dem An=
gebind, dem Sammtbrevier: Herr Gott, dich loben wir. —
Bin wie ihr gesprungen zu Spiel und Tanz, habe so hell
gesungen auf sonniger Haide: Wir winden dir den Jungfern=
kranz — Jungfernkranz! — mit veilchenblauer Seide...

Schleiche auf dunklem Flur, häßliche, alte Hur', gehor=
samer Diener! gehorsamer Diener! — Gott!! — — Mütter=
chen, was sagt der liebe Gott? „Beten, beten."

Heissa, heissa, hopsassa! La la la ... hopsassa! Schöner
grüner, schöner grüner Jung=fern=kranz! — — — mir
wird schlecht. — Hunger — Brot! Brot! Liebste für'n Lumpen=
geld, ist doch 'ne elende Welt! — O läg' ich todt!...

Sonett.

(Das Epigönchen spricht:)

„Ruin der Dichtkunst ist die Magenfrage,
Des leiblichen Genusses alte Mutter,
Statt Nektar bieten sie des Thieres Futter,
Das ich wahrhaftig nicht zu nennen wage.

O ihr, ihr Musen ihr, hört meine Klage!
Ist solche Poesie nicht ranz'ge Butter?
Fahr' in mich, Geist des großen Martin Luther,
Daß ich solch unsauberen Geist verjage.

Der Klassiker bewährte Traditionen
Verachten sie und schmähn — o Schmach und Schande! —
Die doch in Ideales Höhen thronen.

Die Käuze nennen sich verrückt Prozonen —
Mir däucht, sie ist nicht recht bei Trost, die Bande,
Die Unfug treibt in, Schiller! deinem Lande."

Ich hör' es stürmen ...

Ich hör' es stürmen,
Ich seh' es branden,
Ein Wogenthürmen
In allen Landen.
Weiße Kämme
Jagen sich wild,
Ueber Teiche und Dämme
Niederbrechend die Meerflut schwillt.

Wir sind Geschöpfe
Dahingegeben;
Zerbroch'ne Töpfe,
Verdorrte Reben.
Nun wirkt mit Brausen
Das Weltgebot —
Seht — seht! Durch Nebel und Grausen
Grüßt fernherschimmernd das Morgenroth!

Bruder, laß uns …

Bruder, laß uns durch den Sturm,
Durch den Regen schreiten!
Bruderliebe ist ein Thurm —
Bleiben wir zur Seiten!
Ueber die Erde schneidet ein Wind,
Schnaubt aus eisigen Weiten,
Mann und Weib und Mutter und Kind
Frost und Qual zu bereiten.

Bruder — Elend überall
Reckt die scharfen Klauen,
Lichte Freude kam zu Fall
Ueber Angst und Grauen.
Wild erfaßte mich junger Schmerz,
Noth und Jammer zu schauen —
Laß, du wärmendes Bruderherz,
Balsam über mich thauen!

Aller Unglück, eigne Pein
Störten meine Seele,
Ach, und das Verlassensein
War die ärgste Höhle;
Finsternisse deckten mich bang,
Trübes Dunstgeschwele,
Und mein irrender Liebesdrang
Schloß die schweigende Kehle.

Fand wohl Freunde werth und gut,
Gleiches Werk zu bauen,
Aber dem selbsteig'nen Blut
Will ich nun vertrauen.
Sehnend blickte ich himmelwärts,
Trostlos blieb mein Schauen —
Laß, du wärmendes Bruderherz,
Balsam über mich thauen!

Weiter, weiter durch den Sturm,
Bruder durch den Regen!
Bruderliebe ist ein Thurm,
Großer Schatz und Segen.
Gieb auch Sorgen und Freuden mir,
Die da drinnen sich regen!
Und herzinnig will ich mit dir
Wandeln auf allen Wegen.

Ich will das Leid nicht höhnen . . .

Ich will das Leid nicht höhnen,
Das mir im Busen bebt
Und zu des Liedes Tönen
Sich zu gestalten strebt.

Mein Herz ist kampfzerrissen
Und friedelos mein Sinn, .
In Licht und Finsternissen
Schwankt meine Seele hin.

Der Jammer will mich packen
Der freudeleeren Zeit,
Rauh schüttelt mir den Nacken
Der Sturm der Nichtigkeit.

Geklammert an der Stunde
Mühsam errafften Preis,
Nähr' ich geheime Wunde,
Der Niemand Heilung weiß.

Allerseelen.
(Fräulein Anna P. gewidmet.)

Der Wildbach brauste und schäumte
Schneeweiß im Mondenschein . . .
Hinunter, hinauf in die klare,
Taghelle Nacht hinein!

Zu fern verlorner Stätte
Klommst du mit mir hinab:
„Hier feiern wir Allerseelen,
Hier ist meiner Liebe Grab."

„Du Liebe, dir riß der Dämon
Deines Glückes Kranz entzwei . . ."
Schicksalschauernd wir schritten
Am Irrenhause vorbei . . .

Finsternisse seh' ich schleichen . . .

Finsternisse seh' ich schleichen
Scheu durch meine Einsamkeit,
Nichts kann echten Trost mir reichen,
Keine Seele ahnt mein Leid.
Thränen nässen meine Wangen,
Fließen unaufhaltsam hin,
Die verkünden all mein Bangen,
Wie ich arm und elend bin.

Durch das Fenster in die Ferne
Schau ich mit umflortem Blick,
Keine freundlich klaren Sterne
Glänzen liebend mir zurück.
Himmels nächt'ge Wolken dräuen
Stummen Schauders auf mich ein,
Meine Trauer zu erneuen,
Hüllt das Thal sich neblig ein.

Glück für Alle zu erzwingen,
Zwang ich keck das Ideal,
Hob mich auf der Zukunft Schwingen
Ueber dieser Zeiten Qual.
Aber den ich niederkämpfte,
Starr dem Lichte zugekehrt,
Der titanentrotzgedämpfte
Schmerz ist mächtig mir bescheert.

Kann zu keinem Gotte flehen,
Kein Gott waltet außer mir,
Kann mir keine Schuld gestehen,
Schuldlos bin und leb' ich hier.
Keine Reue fühl' ich brennen,
Schicksal weist mir meine Bahn,
Bin im Handeln und Erkennen
Ew'ger Satzung unterthan.

Denk' ich daran . . .

Denk' ich daran, was all das soll,
Dies Dasein trüb und jammervoll,
Rauscht durch die Seele mir ein dunkler Groll.
Des Goldes Macht,
Die ganze Niedertracht
Hat mir des Abscheu's müde Glut entfacht.
An seines Edelwildes Qualen weidet
Der Schlächter sich, wie's röchelt und verscheidet —
Mit ist die Welt mit ihrer Lust verleidet.

Höhnisch Heulen.

Höhnisch Heulen
Von herben Winden!
Rauhe Schauer
Rieseln durch Mark und Bein.
Wirbelnde Blätter
Von den Linden
Schleifen in öden,
Schlüpfrigen Schlamm hinein.
Wolken weinen da droben;
Pessimistische Zähren
Spritzt mir der Sturm in's Gesicht —
Leben voll Jammer und Schwären!
Trotzig dich wehren!
Kämpfend verklären!
Lockenschüttelnd das Haupt erhoben,
Seele voll Licht!
Freude gebären!
Modre, vermodre
Du nur, du nur im Sumpfe nicht!

Vorfrühling.

Der Frühling, die behende Braut,
Springt über feuchte Wiesen;
Das Eis ist krachend aufgethaut,
Die losen Bächlein fließen.

Es lebt und webt was in der Luft,
Das Brautkleid wird garniret,
Ich witt're schon Violenduft,
Mein Herz das psalmodiret.

Ich grüße süßen Maientand,
Schweren Oktobersegen,
Und ein freies, glückliches Vaterland
Auf allen meinen Wegen.

Notizblatt.

Idyllisches.

Im Lied wohnt heilige Vertraulichkeit —
Weh' dem, der's tempelschändend je entweiht!

Jetzt hab' ich's satt. Wohl war ich auch dabei,
Doch aus dem Halse hängt mir das Geschrei.
Nicht daß der Seele frische Glut verbrannt,
Nein, nein, der Zukunft weih' ich Herz und Hand.
Indeß genirt sich meiner Seele Fülle
Vor dem genossenschaftlichen Gebrülle,
Der ganze Lärm und Größenwahnskandal
Ist mir egal.

Nur das Bedeutende nahm ich auf's Korn,
Doch das Gemeine drängte sich nach vorn.
Die Geistesunzucht, die euch Sippe schafft,
Ward — um Verzeihung — schließlich ekelhaft.
Buhlt, werthe Freunde, mit dem Chaos weiter,
Des Pegasusses lahme Prosareiter,
Ich setze fürder über Stock und Stein
Im Lied allein.

Dem jüngsten Deutschland wünsch' ich Gunst und Glück,
Ich zieh' auf Außen=Posten mich zurück.
Die Bande macht's nicht. Hast du Herz und Mark,
Geh' du nur vorwärts: Einsam wirst du stark.
Kein And'rer giebt, was dir nicht selbst zu eigen —
Drum zieh' ich's vor, ein Solo mir zu geigen,
Und spiele auf mit Schmeicheln und Gebrumm
Dem Publikum.

Heut' preis' ich nicht in myst'schem Rausch das Licht,
Weh' dem, den draußen jetzt die Sonne sticht!
Die Jalousieen wehren jedem Strahl,
Kein Glutenkuß preßt auf des Schweißes Qual.
In leidlich kühler Tagesdämmerung weile
Auf meiner Bude ich zu meinem Heile
Und warte, bis der flammende Koloß
Sein Auge schloß.

Nein, diese Leberblümchen sind doch flott.
Die sie mir malte; wie vom lieben Gott
Im Wald gemacht; enorm naturwahr, ja,
Das kann sie, Signorina Erika.
Sie malt, ich dichte — alle Kunst soll leben
Und meine Freundin tausendmal daneben,
Und hoch die Freiheit und die trotz'ge Kraft
Der Leidenschaft!

„Heillos! Von Blümchen redet dieser Fant,
Von Märzenveilchen, die ein Kind gesandt.
O dieser Schwächling, dieser Tandpoet,
Der auf den ausgetret'nen Pfaden geht!

Ein Liebchen, eine Freundin, scheußlich sauber,
Der ganze alte überwund'ne Zauber.
Ein Dilettant, beim superfeinsten Mist!
Kein Realist."

„Schrieb Liebeslieder, simpel, höchst naiv,
Don Carlos, wir verachten nun dich tief.
Uns bohrt der Riesenschmerz der Kreatur
Ins Denkerhirn die schauerliche Spur.
Unheimlich schildern wir den Spuk des Lebens,
Den Katzenjammer idealen Strebens,
Und eine Welt umfaßt der Schöpfergeist,
Der in uns kreist."

„Modern, modern, modern, modern, modern!
Die Prosaepik ist des Pudels Kern.
Milchsuppe Lyrik, und Erotik gar,
Zola il Zola, was du sprichst, ist wahr:
Wahnsinn, Delirium, klägliche Verrücktheit
Und andres Nichts ist lyrische Verzücktheit,
Der Romancier allein ist Dichter kraft
Der Wissenschaft."

Ihr guten Leute, die ihr Ohr mir leiht,
Daß solch' Gewäsch ich kundgethan, verzeiht!
Da streiten sich mit Theorie und Dunst
Die edlen Geister um dem Zweck der Kunst.
Schlagworte hagelt's, dick wie Straußeneier,
Und ist doch immer nur die alte Leier,
Ein wenig neues Essigsurrogat
Zum Ursalat.

Ihr habt die Theoriendiarrhoe
Und kötzt euch kritisch; adieu, adieu!
Ich trau' hinfüro nur dem eig'nen Sinn
Und dichte, was ich lebe, web' und bin.
Mein Aug' ist offen, Hirnschmalz wird nicht mangeln,
Mit meinem Herzen werd' ich Fischlein angeln
Im Strom der Stimmung, grau und silberweiß,
Der L a u n e Preis.

* * *

Du schreibst von München, lieber Freund Eugen:
„Die Kellnerinnen hier sind voll und schön,
Erquickend fern von jeder Prüderie
Wie von Frivolität, indeß noch nie —
Darin bin ich geblieben ganz beim Alten —
Hab' ich von Einer einen Kuß erhalten,
Weil ja zur Einzigen, o Karl, du weißt,
Die Glut mich reißt."

Weihnachten war's, das überletzte Mal,
Du holtest früh mich ab zur Gabenwahl.
Wir kauften Lichter, Schäfchen, Silber, Gold
Für die, der deine junge Seele hold.
Und dann das Bäumchen, ein Bouquet zum Schlusse,
Für Sie speziell zum Huldigungsgenusse,
Das Weihnachtsbäumchen selber galt zum Schein
Dem Brüderlein.

Auf meinem Stübchen putzten wir das Ding,
Bis es voll Tand und Honigkuchen hing.
Zur Probe brannten wir die Lichter an —
O du warst selig, Eugen Dichtermann!

Dein Antlitz leuchtete von schönem Feuer,
Dann wieder schien es dir nicht ganz geheuer,
Du bebtest bang — den Tag voll Poesie
Vergeß' ich nie.

Der Abend kam. Du mochtest nicht allein,
Auch heute sollt' ich dein Begleiter sein.
Behutsam, daß der Christbaum Nichts verlor,
Trugst du ihn in des Nachbarhauses Thor.
Wir wollten zünden, doch die Lichter wehte
Der Wind aus, höher wuchsen deine Röthe,
Fast in die Hose sank dir da — o Schmerz! —
Dein Dichterherz.

Doch deine Segel schwoll ein letzter Muth:
„Wenn ‚Sie‘ nicht öffnet, geht noch Alles gut."
Und du verschwandest in der heil'gen Thür;
Ich wünschte Platon's Kraft und Weihe dir.
Ich schritt hinauf die breite Kaiserstraße,
Die Kerzen brannten zum Bescheerungsspaße,
Der Reichthum tändelte mit seiner Pracht
In Jesu Nacht.

Dann plötzlich nahtest du mit schnellem Trab:
„Ich klingelte, das Mädchen nahm ihn ab.
Sie muß es merken, daß der Strauß für Sie,
Was Sie wohl sagen wird? — Ave Marie!"
Nach Hause ging's — wir drückten uns die Hände,
Daheim zu finden unsrer Lieben Spende,
Mein Schwesterchen ertrug's vor Neugier kaum:
„Wo blieb der Baum?" . . .

*   *   *

Der Bogen klang. Der Pfeil saß in der Brust.
Geflohen wär' ich, hätt' ich das gewußt.
Dem Tand der Minne galt mein schärfster Spott,
Exorcisirt hatt' ich den kleinen Gott,
Verlacht die Dichter, die dem Knäblein fröhnen
In weichen Weisen und in zarten Tönen,
Weil Kampf um Freiheit und Gerechtigkeit
Panier der Zeit.

Indeß der Gorgo ich ins Antlitz sah,
Kam hinterrücks der Flügelschütze nah.
Grad rang ein Weh! sich aus dem Busen frei,
Da blitzschnell sprang der Fant an mir vorbei,
Kehrt sich und lacht — den Pfeil fühlt' ich im Herzen,
Wollüstig bohrend nahten neue Schmerzen,
Gorgo zerfloß, ein Taumel riß mich jäh
In Ihre Näh'.

So ward ich in erstaunlich kurzer Frist
Ein orthodoxer Liebesegoist.
Das Mädchen Alles, und das All ein Nichts,
Anbeter des lebendigsten Gedichts,
Vernarrt, verrückt, Spielball der dümmsten Launen,
Sklav' ihrer Augen, der berückend braunen,
Glückselig schwindelnd, wilder Schmerzen voll,
Hochgradig toll.

*　　*　　*

Erinn'rung, Zwittergeist aus Freud' und Leid,
Besuchst du liebend meine Einsamkeit?
Was tief in's Herz schlich, ach wie drängt sich's vor,
Spielt zart vor Augen, zittert rein im Ohr!

Wenn ich des Morgens Erbjenreiser kürzte,
Des Abends Hoffnung mir die Arbeit würzte,
Nur Sie, nur Sie und ihrer Lieben Huld
Lieh mir Geduld.

Einst gab die Theure mir ein Buch zurück
Von Friderike Brion's jähem Glück.
„Mein Echo" — träumt' ich? kindlich warf sie's hin:
Absynth dem selbstgefäll'gen Dichtersinn.
Geliebt zu werden — goldne Seligkeiten
Sah ich im Wirbel mir vorübergleiten ...
O Fridby, Fridby, welch ein Freudenmeer
Zog breit daher!

Traum, böser Schmeichler, angenehme Last!
An Ihrer Seite wahre Himmelsrast!
Ich lese vor, die Pause füllt ein Blick
In Ihre Augen — grenzenloses Glück!
Der Zärtlichkeit maiknospenfrische Sprossen
Wähnt' ich erbebend mir, nur mir erschlossen —
Sie gab Geleit mir, lieblich leuchtend vor,
Durch's dunkle Thor ...

*   *   *

Zum Teufel auch Sentimentalität!
Mit Feu'r und Schwert! Noch ist es nicht zu spät.
O reiß herab, daß deine Kraft gedeiht,
Den letzten Fetzen von Waschlappigkeit!
Was soll das ewige Sichselbstbelügen?
Du bist ja nur ein Mensch, laß dir's genügen!
Entsagung? Ach, was ich für Floskeln schrieb!
Verflucht noch mal, ich hab' dich furchtbar lieb.

So lieb, so lieb, daß sich mein Hirn verzehrt,
Bleibt ihm versagt, was seine Glut begehrt.
So lieb, so lieb, daß Höllenqual und Noth
Mich peitscht — Gott, elend bin ich in den Tod.
So lieb, so lieb — des Geistes Dämme brechen,
Die Fluten brüllen in Millionen Bächen,
Ich sinke unter, ganz dahingerafft
Von Leidenschaft.

Trägt auch ein Anderer nach dir Begehr,
Wie ich dich liebe, liebt dich Keiner mehr.
Mit Leib und Seele schließe ich dich ein,
Mir Gottheit sollst du und Verhängniß sein.
O sieh mich an, ich krümme mich in Schmerzen,
Gewaltsam schießt der heiße Strom zum Herzen —
Willst du die Liebe, die im Tod nur bricht,
Verstoß mich nicht!

*   *   •

Zu lindern mählich unser lodernd Weh,
Komm, laß uns schiffen auf dem stillen See!
Im Wasserspiegel lebt geheime Kraft,
Die Wellensee hält dich in sanfter Haft.
Schau tief hinein in's dunkelgrüne Auge,
Traumlos Vergessen aus der Tiefe sauge!
Das heiße Pech des Schicksals träuft hinab
Ins Wogengrab.

Die Flut verglänzt, die Gondel schaukelt sacht,
So laß uns gleiten in den Arm der Nacht!
Die glühe Schläfe kühlt ein Hauch gelind,
Auf müden Schwingen schwebt der Abendwind.

Ein Stern im See — sieh da, mein Freund und Bruder!
Der Himmel spiegelt sich; zieh' ein dein Ruder!
Was ist das Glück? Unfaßbar gold'ne Pracht
In dunkler Nacht.

* * *

Die Wasser gurgelten am Uferstein,
Drauf wir umschlungen saßen ganz allein.
Verliebt in Bäumen tuschelte der Wind,
Wir plauderten, die Stunde floh geschwind.
Du mochtest mich, und ich war dir gewogen,
Doch hab' ich dir von Liebe nicht gelogen;
Wir küßten uns, dein Kuß war Herzensglut,
Der meine Blut.

Du weißt ja wohl, wer meine Flamme glüht,
Du kennst, der meiner Liebe Blume blüht.
Das blinde Schicksal wirft die Angel aus
In dieses Lebens Flut und Wogengraus,
Die armen Fischlein zappeln an dem Haken,
Weil vor dem Köder sie zu spät erschraken;
Mich täuscht das Glück, und dich hat qualverzehrt
Der Freund begehrt.

* * *

Fehlt Präcision? Ist einfach doch genug,
Geliebt wird Fribby — thöricht oder klug.
Sie ist die Hauptperson, das ist sie, ja,
Begreiflich Jedem, der sie einmal sah.

Erzähl' ich sonst vom Drachenkampf der Lüfte,
Beweist's, daß ich ein and'res Mädchen küßte,
War jeder innersten Betheiligung
Und Heiligung.

.   .   .

Definitiv bei meinem Kram zu sein —
Anfang April traf ich in Lenzburg ein.
Woher? Von Norden, von Hannover her,
Ich mußte eben fort, mich hielt's nicht mehr.
Der Lebenstrieb, noch nicht dressurvernichtet,
War's, der den Blick mir in die Schweiz gerichtet;
Gelobt sei Bramaputra, steckt' ich doch
Jetzt längst im Loch.

Genau genommen schloß die Zuchthauswand
Mich schon zehn Jahre ein im Preußenland.
Zum Sträfling macht die Staatsmoral schon früh,
Jung peitscht die Obrigkeit: hott hü, hott hü!
Es muß der Nacken sich bei Zeiten biegen,
Der Geist der Subordination muß siegen,
Ja duck dich, duck dich, duck dich, und du bist
Ein deutscher Christ.

Ich war ein kaiserlicher Gymnasiast,
Bedauert mich, die ihr noch Knechtschaft haßt!
Ein andermal erzähl' ich euch vielleicht,
Wie man die Bäumchen dort mit Gift bestreicht,
Den freien Wuchs des eignen Sinns zu morden,
Nur stehn zu lassen, was gefüg geworden,
Daß übrig bleibt vom Stamme der Natur
Ein Krüppel nur.

Staatskrüppelichaft Erziehungsideal!
Menschen zu bilden ist euch ganz egal!
Ihr preist als klassisch-humanistisch an,
Was nur der pure Hohn so nennen kann.
Wär't Ihr doch ehrlich! Klägliches Verbrämen
Mit Griechenidealen! Sollt Euch schämen!
Euch schämen? Ach, wer wird vor Scham noch roth,
Wo Freiheit tot?

*   *   *

Ein solcher Schüler, dann Student. Soldat,
Unselig wankt' ich meiner Jugend Pfad.
Das schildr' ich nicht; erst wenn ich bannfrei bin,
Wenn ganz entrafft der Jugend Pest mein Sinn,
Wenn ich zum Selbstsein mich emporgerungen,
Sei wehevoll mein Jugendlied gesungen;
Noch stört der Dichtung schön gedämpften Ton
Der schrille Hohn.

*   *   *

Im Kanton Aargau liegt die kleine Stadt,
Die den poetisch holden Namen hat.
(Verzeihung für den allzu matten Reim!
Wie er mir zufließt, streiche ich den Leim.
Es ist so leicht, im Reim originell sein,
Doch nur Natur soll meiner Verse Quell sein,
Der Laune folgen, künstlich nie gestaut,
Freiwillig Braut.)

Mich faßt ein Zagen, ahn' ich die Gefahr,
Zurückzutauchen in's verwich'ne Jahr.
Das Schöne, jäh erblüht und jäh verzehrt,
Ist's, was uns Haß und bittern Zweifel lehrt.

Wenn ich im Gischt verworrener Gefühle,
In meines Herzens dunklen Tiefen wühle,
O steh' mir bei, ersehnte Geistesruh',
Furchtlose du!

Zu stolz war meiner Phantasieen Flug,
Der mich dem reinsten Glück entgegentrug.
Nichts hatte ich, da träumte mir das All,
Ein sel'ger Schwung, ein abgrundtiefer Fall.
Mein ist die Schuld. Was klammert' ich die Seele
An einen Klang aus süßer Mädchenkehle?
Des Schicksals ist die Schuld, nicht mein, nicht dein,
Es mußte sein.

* * *

Doch sei's drum! Zeige, ob du ein Poet,
Der Stürme aufbeschwört und stark besteht!
Der in die eig'ne Brust die Klinge stößt
Und sich vom Tode durch sein Lied erlöst.
Zum Bild gestalte wahr die Wirklichkeiten,
So wird der Druck von deinem Herzen gleiten:
Des Liedes Gabe wende thätig an
Und sei ein Mann!

Den weißen Vorhang bauscht ein Morgenwind,
Seefrische Kühlung mir entgegenrinnt.
O flute, flute mir durch Mark und Bein,
Mach mich vom Aussatz frommer Schwäche rein!
Mit Kindessinn mußt du die Mannheit paaren,
Willst du dein Selbst unweigerlich bewahren,
Gebiete deinen Träumen als Despot
Mit Geißel, Jüngling, oder Zuckerbrot!

Laß sie auf Rhythmen wiegen herrscherhaft,
Melodisch spielen Qual und Leidenschaft;
Sie kriegen's satt; doch bleiben sie bequem,
So greif getrost zum rauheren System!
Dann peitsche die entnervend weichen Klagen,
Bis sie Valet dem Rabenvater sagen,
Den Rücken blutig, Backen striemenbunt,
Zum Tode wund!

*   *   *

Hinweg damit! Auf, auf zur Heilsarmee!
Wir leisten uns den halben Frank Entree.
Schon tönt Gesang im dekorirten Saal:
„Wir sind wie Schnee durch Jesu Blut und Qual.
„Wir sind in Gott, in Gott sind wir gewaschen.“
Der Lieutenant ruft: „Greift, Brüder, in die Taschen!
Die Heilsarmee besiegt die ganze Welt,
Wir brauchen Geld.“

Der Oberstlieutenant aus dem Kriegerchor,
Schwarzbärtig, tritt zu einem speech hervor.
Sein Auge glänzt, die Uniform sitzt fein,
O, selig, Obersalutist zu sein!
Die Worte rollen und die Arme sausen,
Vielstimmig „Amen“ schallt es in den Pausen;
„Die Finsterniß ist Gegensatz des Lichts,
Das Licht ist Gott — und weiter sag' ich Nichts.“

„Sechs Menschen blieben — o, ihr wißt die Noth! —
Sechs Menschen blieben auf der Jungfrau todt.
Sechs Menschen todt, todt, todt, todt, todt — o weh!
Ganz todt, nicht halbtodt in dem ew'gen Schnee.

Auf ganzen Tod folgt aber ganzes Leben,
Der Salutist kennt Zittern nicht noch Beben,
Der Salutist — das ist sein Ziel und Lohn —
Wohnt in dem nächsten Himmelsgrenzkanton."

Männer und Weiber thun ihr Schicksal kund
Und öffnen zu dem Zwecke ihren Mund.
„Ganz sündhaft war ich," spricht ein junger Mann,
„Erst Trunkenbold, und selbst ein Schuft sodann,
Verlumpt, verludert und verhurt erfunden,
Da hat mich Gott an einen Strick gebunden,
Die Salutisten zeigten mir den Strick,
Ach, solches war für mich ein großes Glück."

Ein Mädchen, edel, wie ich wenige sah,
Bleich, schwärm'risch leidend, zieht Harmonika;
Das Pianino setzt energisch ein:
„Mein Heiland lebt, vom Grabe sprang der Stein."
Lebend'ger Takt, famose Melodieen,
Das hat doch Schick, das muß entschieden ziehen.
Bei Gott, mein Freund, wir sangen kräftig mit,
Bis Alles zum Gebet zur Erde glitt.

Das paßte mir, staubwärts stiert die Armee,
Des Beters Mund verzerrt ein kläglich Weh;
Ich blinzelt' ungestört halbrückwärts hin
Zu meiner drallen Züribieterin.
Die brachte ich, mich Gott beliebt zu machen,
So heimlich sachte nach und nach ins Lachen,
Schelmisch der Dirn' ein Sonnenstrahl erblüht,
Dann schämt sie sich, guckt fort, die Wange glüht.

Geschäftlich wurde ferner mitgetheilt,
Die Generalin hab' ein Pech ereilt;
Ein Märtersteinwurf; doch zum Wohl der Frommen
Dieselbe Woche werde sie noch kommen.
„Billete gelten, bis sie dagewesen.
Den „Kriegsruf" rathen fleißig wir zu lesen.
Heut' Abend wieder kommen! Jetzo Schluß! — "
„Mein schönes Kind, ein Salutistenkuß?"

＊   ＊   ＊

Jetzt bilden sich Verschiedene was ein,
Nicht Salutisten, Christen doch zu sein.
„Verrückter Pöbel das, furchtbar bornirt,
Gott, daß doch so was heute noch passirt!
In's Irrenhaus gehört die Schwefelbande,
Denn wer behauptet, daß sie bei Verstande?"
Ach, wie mich eure Urtheilskraft entzückt!
Verrückt — verrückt. —

Ja, ja, ihr Talmi=Christen, haltet's Maul,
Denn euer Athem stinkt ein wenig faul.
Kompakte Masse, neuen Wissens satt,
Und braucht noch stets das welke Feigenblatt.
Ihr wißt den Ulk und treibt den Hokuspokus,
O mir wird schlecht, Papier her, auf den Lokus!
Staatlich gepflegte, offene Heuchelei —
Gewissen frei!

Ich aber sage euch: das Blatt vom Schooß!
Und eure Schande, eure Schmach wird bloß.
Ihr seid ja krank an der gemeinsten Pest,
Und lügt gesund euch. Nun, das ist der Rest.

Quecksilber schluckt! Das muß das Gift zerfressen.
Diät extrem! Kein Mensch darf Lügen essen.
Wer wird der Arzt sein? Eisenstirn'ge Noth,
Wehrst du dem Tod?

*   *   *

Faul, Alles faul. Die Syphilis im Hirn.
Einsam, weltfern verlor'ne Gletscherfirn
Ist Geisteskeuschheit, trotz'ger Wahrheit Muth.
O Hutten, sieh, vergiftet war dein Blut,
Schlepptest dich fort in namenlosen Qualen,
Doch deine Seele flammte gold'ne Strahlen —
Zur Ufenau will ich, mich im Schmerz zu weih'n,
Nicht gänzlich beines Erbes bar zu sein.

*   *   *

Und nichts als Nerv und wieder nichts als Blut —
Hätt' ich an Fridby's Herzen doch geruht!
Das wäre tiefe, tiefe Seligkeit. —
Nach Liebe schrei' ich, wie nach Wasser schreit
Der durst'ge Hirsch — nach beiner Liebe, wehe!
Die starb mir wohl — ich schmachte, ich vergehe;
Gräßliche Noth — o Kind, errette mich,
Hölle und Tod, warum lieb' ich nur dich?!

*   *   *

Du liebst nur Sie. — Kaltbrütende Vernunft,
Gieb einem irren Pilger Unterkunft!
Du liebst nur Sie. — Ist das wahrhaftig wahr?
Den Nebel fort! Ich will das sonnenklar.
Du weißt ja, wie Poeten sich verlieren
In wirrer Träume schwindelnden Revieren,
Nicht daß sie lügen, ihre Phantasie
Belügt nur sie.

Die Blüthe sieh am Oleanderbaum!
So blüht und duftet wohl ein Dichtertraum.
Die Menschen freuen sich, der Dichter auch,
Den eignen Stamm betäubt der süße Hauch.
Weil sich der Kelch so wunderschön erschlossen,
Wähnt er in ihn sein ganzes Mark ergossen
Und fühlt sich eins und — liebt. Der Stamm sein Kind,
Und liebt es blind.

Kann dir die Süße Stütze sein und Trost,
Wenn dich des Lebens Wirbelwind umtost?
Du schreitest steile Pfade unentwegt,
Ist Sie's, die den Gestürzten hegt und pflegt?
Dein Dasein wird kein friedlich Nestchenbauen,
Auf Posten! heißt es, Hochwacht! ringsum schauen,
Wo deine Feinde dicht gesät sich nahn,
Unfreiheit, Lüge, Götzenwahn.

Du liebst nur Sie. Ist das ein tödtlich Muß?
Befriedigt dich nicht gar ein lecker Kuß?
Mußt du erobern Sie, so sei's dein Ziel,
Dann mehr Vernunft und weniger Gefühl!
Ah, wo ertappe ich euch da, Gedanken?
Das ist ja Zweifel, ist ja Schwanken! —
Ja, zweifle, schwanke nur, vielleicht, vielleicht,
Daß langsam dir ein holder Wahn,
Ein vorgespiegelt' Kanaan,
Geburt trostloser Sehnsuchtsqual, entweicht.

*   *   *

Nein, nein, das Alles ist Sophisterei,
Zum Kukuk geht die schöne Welt dabei.
Das duld' ich nicht. Gefühl, brutal zersetzt,
Von roher Spiegelfechterfaust zersetzt.

Raubst du den feinsten Selbstbetrug dem Herzen,
Wirst du dir jeder Wonne Reiz verscherzen,
Bis, was da unbefangen grünt und blüht,
Der Mehlthau der Sophistik überzieht.

*   *   *

Ade, Wirthshausveranda schattenkühl —
Durch Mittagsglut zur Burg von Rapperswyl.
So alte Kasten haben selt'nen Reiz
In Sachsen, Schwaben, Franken, in der Schweiz;
Und seit ein solches Nest mich derart rührte,
Daß ich's zum Eldorado schier erkürte
(Pardon! ich komme bald darauf zurück),
Wuchs meine Sympathie ein gutes Stück.

Was seh' ich? — in den Schloßhof tret' ich ein —
Auf glatter Säule von basalt'nem Stein
Mit vorgestrecktem Hals der Polenaar,
Der mir schon stets ein lieber Vogel war.
Viersprachig auf dem Sockel steht geschrieben:
„Der Genius Polens, ungebeugt geblieben
Im Kampf mit hundertjähriger Gewalt,
Ruft in Helvetien, das der Freiheit Halt,

Geächtet, von der Heimat Scholle weit,
Der göttlich=menschlichen Gerechtigkeit."
Und hier die Ehrentage der Nation
Von Barr zur Posener Insurrektion,
Zum letzten dreiundsechz'ger Freiheitskriege —
„Ich siege," klingt's, „auch wenn ich unterliege.
Ojczyzna. Vaterland, wann wirst du frei
Von Tyrannei?"

Im Epheuhof unglücklich stolzes Bild!
Wohl bin ich Deutscher, doch mein Busen schwillt.
Der unbeugsamen Völkerfreiheit zu
Zittr' ich mit dir, verrath'nes Polen du!
„Mensch, gießst du Korn noch in die morsche Mühle
Der idealpolitischen Gefühle?
Du willst ein Sohn der Aera Bismarck sein
Und lullst dich so in Träume ein?"

Erfolgsanbeter! Knechte! Heerdenpack!
Gut, gut, Ihr wollt's ja: Knüppel aus dem Sack!
Trischt Czar und Kanzler Euch den Hintern grün,
Sehn frisch sie stets das Gras der Demuth blühn.
Ein süßer Anblick! Brave Potentaten,
Lacht, lacht verächtlich, edle Autokraten!
Ihr habt die Macht, wenn sich der Pöbel fügt —
Bon, das genügt.

*   *   *

Den Thurm hinauf! Das Mittagessen kocht
Des Wächters Weib, hier oben eingelocht.
Na, übel find' ich sonst die Wohnung nicht,
Famose Aussicht, allseits Luft und Licht.
Mit einem Weibchen zweisam hier zu thronen,
Das dürfte sich gewisse Zeit verlohnen —
Das Feuerhorn zu blasen — kein Poet,
Der's nicht versteht!

Das Weinland hier im goldnen Sonnenglanz,
Im Dunste dort des Hochgebirges Kranz;
Der Glärnisch mit dem schleierschweren Haupt,
Wie eine Jungfrau, die an Allah glaubt.

Das Städtchen unten, da die Landungsstätte,
Des Seees blitzend-blanke Spiegelglätte,
Und dort, das schmuckste Eiland in dem Gau,
Die Ufenau.

*   *   *

Ein Vöglein zwitschert. Eine Wespe brummt.
Sonst regt kein Laut sich. Alles scheint verstummt.
Verloren tiefe, sel'ge Mittagsruh' —
Im Schatten lagr' ich lässig. Hier hast du,
Vieledler Held, dein Tagewerk beschieden
Und fandest Frieden, müder Kämpfer, Frieden.
Dein Geist besucht mich in der Einsamkeit
Der Stätte, die dein letzter Hauch geweiht.

Das Kirchlein, die Kapelle schau'n mich an:
Hier betete der schwergeprüfte Mann.
Die Wiesenblumen nicken fernen Gruß:
Hier ging, hier wandelte sein siecher Fuß.
Hier glitt, lichtarm, dann trüber, immer trüber,
Sein Leben noch an seinem Aug' vorüber,
Hier zuckte sein gequältes, müdes Herz
In letztem heiligem Todesschmerz.

O Hutten, selig unglückseliger Held,
Schwertlilie auf der Freiheit Blüthenfeld!
Du Glutblitz, der den schwülen Dunst zerriß,
Ich grüße dich aus neuer Finsterniß.
Dein bleiches Antlitz neigt zu mir sich nieder,
Von dir ein Feuer strömt durch meine Glieder,
O der ich schwach, wie ein geknicktes Rohr,
Der ich dich liebe, richte mich empor!

Du brachst, an Muth als Knabe schon ein Mann,
Der Klosterschule starren Geistesbann.
Von Fulda irrtest du in deutschen Gaun,
Ein Bild des Elends jammervoll zu schaun.
Der Winterfrost verzehrte deine Kräfte,
Verruchtes Schicksal mischte deine Säfte
Mit jener Seuche grausem Wandergift,
Das Schuld und Unschuld blindhinwüthend trifft.

Vervehmt vom Vater, ohne Heim und Rast,
Beladen mit des Unglücks Riesenlast,
Gemeiner Söldner, Bettler, hin und her
Gejagt, gehetzt fern über Land und Meer,
Mit Pest und Schiffbruch, Feindeswuth geschlagen.
Und dennoch Sieger! Todgewaltig Wagen
Riß auf des Lebens Kuppe dich empor
Aus dem verfaulten Nebelmoor.

Du strammer Geist, du starker, harter Held,
Der Wahrheit Sturmbock du, Trutzkeil der Welt!
Der Pfaffendünste, Fürstenkünste Feind,
Deß Angriff Schwert und Federkiel vereint.
Du Hort der Ueberlisteten und Schwachen,
Georg im Kampfe mit dem Lügendrachen,
Mit Basiliskenbrodem angepfaucht,
Giftüberhaucht.

Da trat das Glück, die liebe Schmeichlerin,
Mit ihrem Rosenstrauße vor dich hin.
Der Vater starb, du durftest Erbe sein,
Die gute Mutter weinte: „Werde mein!"

In Augsburg dichterkrönte dich Constanze
Holdlächelnd mit des Ruhmes Lorbeerkranze,
Die Anmuth lockte: „Wilder Pilgrim du,
Süß ist die Ruh'."

Zurück! Hinweg! Wer war wie du so treu?
„Ich hab's gewagt und trag' deß noch kein Reu'."
Die Sache rief, dein Loos nahm seinen Lauf:
„Wach' auf, du edle Freiheit, wache auf!"
Ein Falk warst du, kein girrend schwacher Täuber,
Stoßfertig auf den römischen Straßenräuber;
Von Eurer Ebernburg Empörersitz
Schoß Blitz auf Blitz.

O dreimal edles deutsches Freundespaar,
Gesellt in gleicher Liebe und Gefahr,
Franz Sickingen und Ulrich Hutten — Geist
Und kühne Waffenführerschaft verschweißt!
Wie durftet ihr in trotzigen Entwürfen
Der freien Thatenfreude Wollust schlürfen!
Rag' vor, Herberge der Gerechtigkeit,
In diese Zeit!

Kalt niederlächelte der Kaiserthron —
Da schuft ihr sie, die Revolution.
Mit Bürger, Bauer wider Fürstenmacht
Und unfehlbare Pfaffenniedertracht.
Da schlugt ihr los — und schlugt zu früh. Verderben!
Auf Landstuhl, Franz, das war ein traurig Sterben.
Es irrt der Freund umher im Schweizerland
Qualübermannt.

Hülflos armsel'ger Flüchtling — dich verrieth
Der Basler Studienfreund (ihn preist kein Lied);
Erasmus, kläglicher Opportunist,
Nicht werth, daß seine Gruft ein Hund bepißt,
Verläugnete den bettelarmen Bruder,
Ein speichelleckend Humanistenluder. —
„Was thut's auch, wenn ein Vagabund krepirt,
„Der meine Stellung nur kompromittirt?"

Ein Zornschrei noch, ein glühender, für das!
Die Feder tauchtest du in heil'gen Haß.
Zu Zwingli schlepptest du dich todtkrank fort,
Der wies dir deinen letzten Ruheport.
Hier starbst du, hier, umstürzte deine Ceder,
Man fand kein Buch, Geräth, nur eine Feder —
Schriftsteller Ulrich Hutten, niemals feil,
Heil, Todter, Heil!

*   *   *

Kennst du das Schloß von Lenzburg? Massig, breit
Herübergrüßt es aus verlor'ner Zeit.
Mauerkolosse wachsen schwer empor,
Wild schweift die Ranke um das off'ne Thor.
Wo ich verliebt mit letzten hast'gen Schritten
Hinaufsprang oft, erklomm mit stolzen Tritten
Ihr Burgkastell mit sieggekröntem Aar
Die Römerschaar . . . . . .

Am inneren Thore hängt des Klopfers Wucht,
Begehrst du Einlaß nach der Sonne Flucht.
Dieweil kein Feind mit Spieß und Plempe dräut,
Triffst du's am lichten Tag geöffnet heut.

Das blaue Wappen, der Altan zur Linken —
Des Hofes Schattenstille siehst du winken,
Auf grünem Rasen ruft die Bank; zum Traum
Lockt Busch und Baum.

Die Uhr am Thurme zeigt die Stunde nicht,
Die Alte schläft; verwittert ihr Gesicht.
Das grünverhang'ne Springbrunnbecken lauscht,
Wann einmal wieder die Fontaine rauscht;
Die Thüren zu, daran für fremde Wesen
Ein rostig Entrée défendue zu lesen;
So grabesstill — plötzlich lossprudelt hell
Eines Mädchenliedes wirbelnder Silberquell . . .

*   *   *

Ein süßes Können preis' ich den Gesang,
Ein herzerfreuendes, mein Leben lang.
Nur Eines wünsch' ich für des Todes Pein:
Ein Lied von Mädchenlippen soll es sein.
Es weicht die Qual; ein Schauer junger Wonnen
Fließt durch den morschen Leib wie Wunderbronnen,
Von bangen Jauchzens Maienklang geschwellt
Sag' ich Ade der dummen Menschenwelt.

*   *   *

Des Schicksals Laune ladete mich ein,
Der Burgbewohner junger Gast zu sein.
Dem Schicksal Dank! Der Freundschaft Ranke sproß,
In den gequälten Busen Balsam floß.

Um Eines fleh' ich: Nicht wie Ros' und Nelken
Laß diese Blume, o Geschick, verwelken!
Ob tausend Rosen leuchten und verblühn —
Für uns der Freundschaft dunkles Grün!

Fremdlinge, arme, sind wir auf der Welt,
Wie schwankes Schilf in Sumpf und Sturm gestellt.
Des Schicksals Stöße beugen unser Haupt,
Am leichtsten bricht, wer sich am stärksten glaubt.
Einsam des Fatums rauhe Faust zu spüren,
Ist trostlos — Wahnsinn wird das Scepter führen;
Doch süße Lind'rung schafft dem herbsten Leid
Gemeinsamkeit.

Der Bien' muß! Freunde, was wir thun und sind,
Wir müssen's thun, wir müssen's sein. Ein Kind,
Wer seines Looses Herrscher je sich rühmt
Und strenge Noth mit freier That verblümt.
Ich mußte euch, in eueren Kreis getrieben,
Vom ersten Augenblicke herzlich lieben,
Das gleiche Muß ausstrahlte süß und mild
Mir euer Bild.

Und nun? Und nun? Jetzt käme das Idyll —
Der Leser wartet, der Poet — schweigt still.
Die Muse ist ein eigensinnig Kind,
Capricenvoll, wie so die Weiber sind.
Just stellt sich nun die launenhafte Kleine
Mir ganz energisch auf die Hinterbeine,
Droht mit dem Zeigefinger mir und spricht:
„Vorläufig weiter nicht!"

Was ist zu thun? Ein artiger Poet
Unterm Pantoffel seiner Muse steht.
Gehorchen müßt' ich, wär's auch ohne Grund,
Die Mächt'ge schließt ganz einfach mir den Mund.
Doch denk' ich mir, weil sie nicht dumm gerade,
Daß sie mein Bestes will. 's ist freilich schade;
Von dunklem Untergrund sprießt auf so mild
Ein lieblich Bild.

Eros.

Fühlen, irren, sich verblenden,
Tasten in der Dämmerung —
Kluge Lehren wollt ihr spenden?
Ach, ihr wart ja niemals jung.

*

Wer nimmer sentimental gewesen,
Wen nie die Liebe confus gemacht,
Der mag den Confut-se im Urtext lesen —
In seinem Herzen ist Mitternacht.

*

Das Raffinement ist mir zuwider,
Verhaßt ist mir der faule Haut goût —
Vor einem Mädchen kniee ich nieder,
Hauch' ihr zitternde Sehnsucht zu.

— · —

In schneeig schimmerndem Gewande...

In schneeig schimmerndem Gewande —
Wie schlug mein Herz, als ich dich sah!
Mit wunderschönem Goldstirnbande,
Herrlich, o Schloßfee, kamst du nah'.

Von deinen Lippen floß die Labe,
Fein löste sich dein Liederstrauß,
Du theiltest Jedem eine Gabe
Mit milden Händen freundlich aus.

Erhöhter glühten deine Wangen,
Die braunen Augen glänzten licht,
Da nahm ein Zauber schwer gefangen
Mich überseligen Erdenwicht.

Die Jahre rollen in die Lande;
Ich werde schauen immerdar
In schneeig schimmerndem Gewande
Die Schloßsee bis zur Todtenbahr' . . .

Nun stimme . . .

Nun stimme, junger Dichtersmann,
Ein Lied von deiner Liebe an!
Wer meiner Liebe zu modern,
Der bleibe ohne Sorgen fern!
Ich zwinge Niemand, mich zu hören,
Und will die Trefflichen nicht stören,
Die mit vorzüglichen Ideen
In Isar= und in Spreeathen
Ununterbrochen schwanger gehn.
Ich geh' auf einem fetten Anger
Mit köstlichen Gefühlen schwanger,
Nicht zeitgemäß, doch meiner Treu',
So ewig alt wie ewig neu.
Das tiefe Gras lockt saftig=grün,
Die gelben Butterblumen blühn,
Im Sonnenäther wirbelt ihr Lied
Die Lerche, die kein Auge sieht.
Im kühlen Bache splitternackt,
Hart an des Wehres Katarakt

Plätscht Amor just als Bauernkind —
Verliebt von ferne brüllt das Rind.
In diesem Lenze da geschah's,
Daß ich die ganze Welt vergaß,
Vergaß die soziale Frage,
Die schauderhafte Menschenplage,
Die übermüth'ge gold'ne Schaub,
Den närrisch-eitlen Flittertand,
Dieweil ein Mädchen hierzuland
Mir rettungslos das Herz verbrannt.
Auf einem alten Schlosse wohnt,
Die mir im jungen Busen thront,
Für alle Demimonde-Frommen
Bin ich demnach total verkommen
In gräulich Matthisson'schem Plunder
Und Tieckischem Romanzenwunder,
Zurückgebliebener, Renegat,
Rückwärtsler, Schwärmer, Apostat.
Heidi, was mich das Alles schiert!
Mich keinen Pfifferling genirt.
Ja, meine hochwohlweisen Herrn,
Sie, Sie ist Alles, Kern und Stern;
Sie ist das zwingende System,
Darum in wachsender Bewegung
Und ruheloser Krafterregung
Sich meine Sinne sonnig drehn;
Sie ist — wer's leugnen kann, vernein's —
Das wahre Zentrum meines Seins.
O süßes Liebchen, Turteltaube,
Dir fiel ich ganz und gar zum Raube;
Nichts bin ich, nichts mehr ohne dich,
O wärst du Nichts auch ohne mich!
Dich Hinz und Kunzen zu beschreiben,
Das laß ich selbstverständlich bleiben,

Denn Hinz und Kunz braucht nicht zu sehn,
Wie du so lieb, so hold, so schön.
Auch paßt mir's nicht, mit dummen Bildern
Das Unvergleichliche zu schildern —
Beiläufig drum erwähn' ich nur,
Daß du von zierlicher Statur
Und nicht von riesiger Figur
Wie die Marquise Pompadour
Junonisch und was weiß ich noch? —
Unübertrefflich bist du doch!
Dabei fällt mir denn schließlich ein,
Du Miezchen möchtest wohl im Grund
Sogar von süßem Liedermund
Vollständig unbesingbar sein.
Ich bitte also um Vergebung
Ob der poetischen Bestrebung
Und sende dir dafür zum Schluß,
Mein Daseinszentrum, Gruß und Kuß.

Mati.

Mit deinem dichten braunen Haar
Schmiegst du dich mir auf's Knie,
Du bist so drollig wunderbar
Wie Märchenpoesie.

Mit deinen tiefen Augen jetzt
Schaust du mich leuchtend an:
„Der Grimmige ist arg verletzt —
Das ist das Neuste dann."

„Der Murren ist ein flottes Vieh,
Der Murren brach das Bein —
Sie hören gar nicht zu — ach Sie!
Sie sind auch —" Wirklich? Nein!

„Ich weiß schon, wohin Sie nur seh'n
Und geben gar nicht Acht,
Dem Kater ist ein Leid's geschehn,
Mieze hat's 'put gemacht ..."

O Pia!

O Pia, mein Vielliebchen du,
Herr Pius findet keine Ruh'.
Herr Pius ist ein armer Mann,
Der gar nicht von dir lassen kann.
Behext hat ihn dein Aeugelein,
Er schaute viel zu tief hinein;
Drin ließ er Klugheit, Kühnheit, Stolz,
Wie Butter drin sein Herz zerschmolz.
Nun sitzt er wie vernagelt da
Und betet: O sanctissima!
O Pia, o Piissima!
Komm mit mir nach Amerika!
Erhöre mich, erlöse mich,
Ich liebe dich herzinniglich,
Errette mich aus Kreuz und Pein,
Herzallerliebstes Jesulein,
Neige des Köpfchens süße Zier,
Gieb Frieden, Frieden, Frieden mir!

Heute in der Morgenfrühe.

Heute in der Morgenfrühe
Habe ich ein Lied gehört;
Vor dem Fenster sang es Einer,
Und auf einmal dacht ich deiner,
Die mich wundersam bethört.

Ach, das klang von Weh und Liebe,
Näher schwebte mir dein Bild,
Wonnereich und schmerzzerissen
Preßt' mein Haupt ich in die Kissen,
Und im Busen gährt' es wild.

Nicht nur den Kopf...

Nicht nur der Kopf, der klug gelesen,
Den Geist, der zart erschlossen blüht,
Ich liebe dein Gesicht, dein Wesen,
Dein unverbildetes Gemüth.

Ich liebe deine süße Stimme,
Die Morgenfrische, die dich schmückt,
Und wie der Fisch im Wasser schwimme
In deiner Huld ich hochbeglückt.

In der grauen Morgendämm'rung...

In der grauen Morgendämm'rung
Geht die Süße vor mir her,
Meine Pulse pochen heftig,
Und ich athme tief und schwer.

Wolken wallen durch die Lüfte,
Stürme sausen über Land —
Brausend schürt der Seelensturmwind
Lichterlohen Liebesbrand.

⌇⌇

Magisch strahlt' aus deinen . . .

Magisch strahlt' aus deinen
Augen Liebesbann —
Fassungsloses Weinen
Fiel mich nächtens an.

Schluchzend rang im Fieber
Athem kaum sich frei,
Sterben wollt' ich lieber.
Daß Erlösung sei.

Deinen süßen Namen
Rief ich immerzu,
Morgenlichter kamen,
Kam doch keine Ruh . . .

⌇⌇

Diese Unruh' . . .

Diese Unruh', dieser Drang!
Herz, warum so köstlich bang?
Ach, ein Stündchen mag vergehn,
Und ich soll die Liebste sehn!

⌇⌇

Geliebte, sieh!

Geliebte, sieh! aus schwarzem Wolkenschild
Wie reich des Mondes weite Leuchte quillt!

Das Thal, beflort von Nacht und Dunkel ganz,
Enthüllt breitschimmernd weicher Silberglanz.

Durch meiner Leiden trübe Wolkennacht
Brach deine zitternd reine Liebesmacht.

Und voll bestrahlt von ihrem Licht, dem süßen,
Durft' ich des Lebens Zauber neu begrüßen.

O junges, junges Liebesglück!

O junges, junges Liebesglück,
Das sel'ge Lippen lallten!
O fliehe nicht so bald zurück,
Geleite mich ein gutes Stück,
O junges, junges Liebesglück,
Laß dich doch halten, halten!

Ein Blick, ein Blick, ein Lächeln nur,
Aus deiner Hand die Blume —
O Wonne, die mich neu durchfuhr!
Wo blieb auch meiner Leiden Spur?
Ein Blick, ein Blick, ein Lächeln nur
Zum süßen Eigenthume.

Die Sonne hüpft mir auf's Gesicht
Und glättet alle Falten;
Der Liebsten sinn' ich ein Gedicht,
Doch ihren Ruhm vollend' ich nicht —
O junge Liebe, gold'nes Licht,
Laß dich doch halten, halten!

Singt ihr von dem Weltgewühle...

Singt ihr von dem Weltgewühle, welches euer Hirn durch=
wühlt,
Singt getrost auch die Gefühle, die ihr ganz persönlich fühlt.
Prägt die allgemeine Liebe ihr dem Erz der Rhythmen ein,
Wundervolle kleine Triebe sollten unbesungen sein?
Ach, es will mir nicht gefallen, daß ein zukunftsfroher Sinn
Keine Seufzer sollte lallen seiner Tage Königin,
Und ich will es nicht begreifen, und ich mag es nicht verstehn,
Daß, um ewig auszuschweifen, ihr die Stunde laßt vergehn.
Ja, ich bin so klein und schwächlich trotz der großen, starken
Zeit,
Daß ich immerdar bestechlich mit beschränkter Menschlichkeit;
Und dem gold'nen Zukunftslichte unbefangen zugewandt
Weih' ich jubelnde Gedichte jedem Strauß aus lieber Hand.

Weil du das Weltlicht...

Weil du das Weltlicht heut erblickt,
So ging ich früh hinaus,
Ich hätte dir so gern gepflückt
Noch einen Flurenstrauß.

Der Nebel drückte dicht und schwer
Das Gras lag pudelnaß,
Nicht eine Blume blühte mehr —
Wie ärgerte mich das!

Ich lief durch welkes Laub und Koth,
Ich strich durch Dick und Dünn,
Die Flora war und blieb mir todt,
Weil ich kein Magus bin.

In's Schwarze starb der Blätter Roth,
Noch gestern purpursatt,
Wo jüngst die feinste Glut geloht,
Verblichen Blatt für Blatt.

Das Zitterziergras schwer bethaut
Verhutzelt niederhing,
Unbrauchbar selbst das Farrenkraut,
Das an zu faulen fing.

Ein Rabe hockt auf einem Stein!
Das wüste Ungethüm
Riskirt's, mich höhnisch anzuschrein —
Der Herr verzeih' es ihm!

Weil du das Weltlicht heut erblickt,
Ging früh ich in's Revier,
Doch hab' ich keinen Strauß gepflückt,
So kann ich nichts dafür.

Täglich mit dem schwarzen Ranzen...

Täglich mit dem schwarzen Ranzen
Wandelst du zum Institut,
Täglich übst du dich im Schanzen,
Und du bist vorzüglich gut.
Deines Köpfchens flinke Rädchen
Schnurren flott im Seminar —
Ja, du bist das klügste Mädchen
In der klugen Mädchenschaar.

Täglich ohne schwarzen Ranzen
Ueb' ich mich in meiner Kunst,
Lasse meine Verse tanzen
Mit der Musen Glück und Gunst.
Meines Kopfes Räder schmettern —
In die Ewigkeit — nicht wahr?
Ach, sie springen und sie klettern
Nur zu dir in's Seminar.

Dir zur Seite sitz' ich innig,
Streiche zärtlich deine Hand,
Gänzlich hingerissen bin ich,
Und perdu ist mein Verstand.
Durch die kurzen Locken fahr' ich,
Starr' ins Auge dir vernarrt,
Plötzlich dann entsetzt gewahr' ich
Meine öde Gegenwart.

Wunder.

Was für ein Wunder mag das sein?
Du machst mich in der Seele rein;
Was wirr und wüst und trübe war,
Wird einfach=schön und spiegelklar;
Weil' ich in deiner Nähe nur,
Spür' ich den Wandel der Natur;
Mein hitz'ger Geist wird ruhig=warm,
Mein trotz'ger Schmerz wird milder Harm,
Mein trüber Ernst wird gar zum Scherz,
Gebändigt pocht das wilde Herz,
Und wie gezäumet so befreit
Aufathmet meine Sinnlichkeit.
Wer lehrt mich Staunenden verstehn,
Woher solch Wunder mag geschehn?

* * *

Nächt'ge Glocken ...

Nächt'ge Glocken hör' ich tönen,
Weinend fahr' ich in die Höh',
Dunkler Träume schweres Sehnen
Schrickt empor zu hellem Weh.

Und ihr könnt's ja nie versöhnen,
Weil ich tiefen Leid's vergeh'
Und das reine Glück des Schönen
Rettungslos sich trüben seh'.

* * *

So laß den reinen Blumenblick...

So laß den reinen Blumenblick
Ganz offen auf mir weilen!
Du kannst der Seele Mißgeschick
Und alle Wunden heilen.

Schon träuft die süße Medizin
Aus deinen Balsamaugen,
Dran will ich wie der Prinz Pipin
An Mutterbrüsten saugen.

Der Segen thaut, der Himmel quillt,
Erquickung nicht zu sagen —
Doch wann ich meinen Durst gestillt,
Das darfst du niemals fragen.

Die Lampe brennt...

Die Lampe brennt, das Strickzeug ist im Gange,
Ein Mädchenkopf sich müd' ins Sopha schmiegt,
Vor Tisch so lebhaft, schweigt sie nun schon lange,
Von ungestand'ner Bitterkeit besiegt.
Auch meine stille Freudigkeit wird bange,
Ich weiß ja, was ihr auf dem Herzen liegt,
Und gleichbedrückt, in ihr und mir verletzt,
Stirbt meine Schweigsamkeit zum Schweigen jetzt.

Vorlesen? Nein. Mir steigt es in die Kehle,
Was schmerzlich übervoll die Brust beengt,
Mein Herz empört sich, daß die frische Seele
Der Brand erlitt'ner Ungebühr versengt;

Dürft' ich —? Doch nein, ich kämpfe, ich verhehle,
Was sich von Zorn und Weh zusammendrängt —
So, statt des Grolls Gewalten zu entladen,
Spiel' ich verstört mit einem Wollenfaden.

Da kommt der Wein. Wie scheu die Gläser klingen!
Nicht laut und hell in freier Fröhlichkeit!
Der Trunk sei eurem Wohl vor allen Dingen,
Doch eurer Liebe auch zu mir geweiht!
Seht nun den Dichter sich zum Aether schwingen!
Ach drunten bleibt er treu in Lust und Leid,
Wo Kummer bangt und wo die Freude lacht,
Mensch unter Menschen nur.   Gut Nacht, gut Nacht!

Schreit' ich wandernder Geselle...

Schreit' ich wandernder Geselle
Heimwärts durch die Winternacht.
Leuchtet mir das Licht so helle,
Wo die theure Freundin wacht;
Und von meinen Lippen leise
Schwingt sich warme Liebesweise,
Der Geliebten dargebracht:

Zu des Schloßgemaches Höhe,
Das dir Heimat, Rast und Ruh,
Zieht mein Herz in Lust und Wehe,
Bringt die Tage droben zu.
Denn ein Stern hat mich getrieben,
Ueber Alles dich zu lieben,
Und mein Schicksal, das bist du.

O blühte mir ...

O blühte mir die Stunde je,
Die glühend ich ersehne,
Da ich mein Haupt in Lust und Weh
An deinen Busen lehne!

Da mit vertrautem Liebesblick
Sich Aug' in Aug' begegnet,
Und der Erfüllung reiches Glück
In Schauern niederregnet.

Ein stiller Pilger bin ich ja,
Zum Glänzen nicht geboren,
Wer je der Muse Antlitz sah,
Ist für den Schwarm verloren.

Sein Ohr vernimmt des Bruders Leid,
Kein Wehe, das ihn meidet,
Treu bleibt allein die Einsamkeit
Dem, der für Alle leidet.

Doch ist vom ganzen Erdenweh
Die Einsamkeit das größte —
O daß mich deine Liebe je
Aus meiner Noth erlöste!

Ich schwebe wie ...

Ich schwebe wie auf Engelsschwingen,
Die Erde kaum berührt mein Fuß,
In meinen Ohren hör' ich's klingen
Wie der Geliebten Scheidegruß.

Das tönt so lieblich, mild und leise,
Das spricht so zage, zart und rein,
Leicht lullt die nachgeklung'ne Weise
In wonneschweren Traum mich ein.

Mein Himmel lebt in meinem Busen,
Der droben ist mir Hekuba,
Im Herzen wohnen meine Musen
Und nimmer in Olympia.
Mein schimmernd Aug' — indeß mich füllen
Die süßesten der Melodien, —
Sieht ohne Falten, ohne Hüllen
Mein lächelnd Lieb vorüberziehn.

Wenn wieder lau . . .

Wenn wieder lau die Frühlingswinde wehn,
Mein süßes Lieb, sollst du von dannen gehn.
Ach Miezele! Dein Wort nicht mehr zu schlürfen,
In deinem Blick nicht mehr vergehn zu dürfen!
Wie bang mein Herz — o du mein Glück und Licht!
Wie miss' ich je dein theures Angesicht?
Ihr Wintermonde, langsam sollt ihr schleichen,
Im Fluge nicht mir Zitterndem entweichen;
O hemmt den unaufhaltsam schnellen Lauf
Und haltet lang die Scheidestunde auf!
Doch kommt sie dann, die widrige, die böse,
Ein Druck der Hand den letzten Zweifel löse!
Und wenn das Unaussprechliche geschah,
Dann bist du mir auch in der Ferne nah.

Als ich dich fand...

Als ich dich fand, bist du mein Glück geworden,
Was vordem lag, war dunkle Leidensnacht —
Vergieb mir drum, wenn solches Glückes Pracht
Ich schwelgend pries in jauchzenden Akkorden.

Ein trüber Schwärmer naht' ich dir von Norden,
Gehetzt von aller bösen Geister Macht,
Da hast du mir den Zaubertrank gebracht,
Der sollte jäh die herbsten Qualen morden.

In beiner Augen Fluth bin ich gestiegen,
Gebadet hab' ich in dem Wunderborn,
Die Wellen spürt' ich hold und sanft sich schmiegen —

Du gabst mir Rosen, und mich stach kein Dorn.
Ist das nun aus? In dem verstörten Innern
Nähr' ich ein dumpf und schmerzenschwer Erinnern.

Aetli.

Keck durch die Rinse empor!
Klammr' am Gesträuch dich an!
Wer hier den Halt verlor,
Ist ein verlor'ner Mann.
Glitschig der Boden weicht,
Wanke nicht, gleite nicht!
Sieh, wie durch junges Grün
Grüßende Helle bricht!
O ihr dämmernden Thale,

Fluten nebelumgraut,
Gleich mit goldenem Strahle
Küßt euch die Braut.
Schau, über jenen Höh'n
Langsam und feierlich,
Siegesgewiß —
Darfst noch in's Aug' ihr sehn —
„Wunderschön, wunderschön,"
Lispelt die Miß.
Aber das Welteidotter schwillt,
Ein Getümmel von Strahlen quillt,
Fahl verröchelt die Finsterniß ...
Morgenschaudernd ich schreite
Späh' in westliche Weite,
Und schon hab' ich das Schloß,
Wo an seliger Seite
Lust und Leid ich genoß.
Schlummerst du, Liebchen?
Thörichte Liebe thut weh ...
„Komm," weckt Brüderchen Baby,
„Raffe dich auf zum Kaffee! ..."

Schon lag auf Erden dunkles ...

Schon lag auf Erden dunkles Schweigen,
Nun hin und wieder dumpf ein Klang,
Wenn von den fruchtbelad'nen Zweigen
Ein Apfel auf den Rasen sprang.
Vom Garten wehte feucht erquickend
Ein weicher, warmer Wind in's Haus,
Ich aber lehnte, traurig blickend,
Weit aus dem Fenster mich hinaus.

„Wozu dies Zweifeln, dies Verlangen,
Das quälend sich im Busen häuft?
Wozu dies sehnsuchtsvolle Bangen,
Das zitternd durch die Glieder läuft?"
Zum Herzen fühlt' ich's heißer wallen,
Mich übermannt' — o süße Pein! —
Der Trieb, der reizendste von allen:
Zu lieben und geliebt zu sein.

Da spürt' ich meine Kraft versagen
In Schauern und in Fieberglut:
„Ich kann's, ich kann's nicht länger tragen,
O lernt' ich nie, wie Liebe thut!"
In Thränen schien der Mond zu schimmern,
Der hinter Wolken trübe schlich,
Vor meinen Augen sah ich's flimmern,
Ich hab' geweint — geweint um dich.

Sprudelnder Springquell...

Sprudelnder Springquell drunten
  Plätschert leis an mein Ohr —
Ach, die Seele in bunten
  Bildern neu sich verlor.

Am Spaliere die Rebe
  Prahlt von feurigem Wein,
Leuchtende Liebesgewebe
  Fluten herein.

Stolz und spgödestes Bangen,
　　Liebste, schmolzen dahin,
Gütige Lippen und Wangen
　　Winken Gewinn.

Wehmuth, grillengenährte,
　　Weicht schnellreifender Luft,
Wonne löst die beschwerte,
　　Uebermüthige Brust.

Sehnsucht.

Auf ödem Lager werf' ich
Mich schlaflos hin und her,
Mein Herz, das stürmt vor Sehnsucht,
Stöhnend athme ich schwer.

Die frühen Vöglein zwitschern
Der Morgendämm'rung zu,
So weh, so süß, so heimlich:
„Ich und du, ich und du, ich und du.“

Wenn du wüßtest mein Verlangen,
Mein Streben und Heben zu dir,
Mein Trachten und Verschmachten —
Gewiß, du kämst zu mir.

Ueber deine keuschen Glieder
Ein Schauer bräche herein,
Berauscht von Blust und Flieder
Mein köstlich Weib zu sein.

Aus dem hellen Wolkenmeer . . .

Aus dem hellen Wolkenmeer
Taucht die Silberbrigg daher;
Ueber Hügel, Schlucht und Thal
Sinkt und blinkt ihr bleicher Strahl,
Spielt mit kaltem Zauberschein
Durch den weißen Winterhain . . .
Ueberläuft mich fröstelnd Graun,
Diesen starren Glanz zu schaun.
Der ich Glück und Lust verschrieb,
Fridby hat mich nimmer lieb,
Spielt mit eisigem Zauberschein
In mein kochend Herz hinein.

Aus.

Gerissen hab' ich,
Gerissen
Blaue Cyanen,
Rothen Klatschmohn
Dieser Liebe
Aus dem goldenen
Weizenacker
Meiner Seele.
Kraft dem Kornfeld,
Mark den Halmen
Raubten die bunten,
Blühenden Blumen
Dieser Liebe.
Ausgejätet
Frühthauleuchtender
Wucherflurschmuck.
Ausgejätet
Ohne Gnade
Bräutlicher Winden
Lieblich Unkraut —
Fettere Aehren!
Schwerere Garben!
Vollere Scheunen!
Nun lohnt mein Leib.

Reue.

Hab' nun qualverwirrte, scheue,
Dunkle Stunden durchgewacht,
Meiner Seele strenge Reue
Folterte mich über Nacht.

Leidenschaft, vermessen blinde,
Zwang in's Sklavenjoch mich ein,
Und dem armen, lieben Kinde
Ward ich nach und nach zur Pein.

Schnitt der Dampfer durch die Fluten
Gestern seine finstre Bahn;
Auf dem Deck mit scharfen Ruthen
Peitschte mich entlarvter Wahn.
Schläge sausten strafend nieder
Auf den Knecht bethörter Glut,
Zuckend schauerten die Glieder
Vor der grenzenlosen Wuth.

Deine Thränen, deine Klagen
Brannten sich in's schuld'ge Herz,
Diese Brunst muß ich ertragen,
Diesen rächerischen Schmerz.
Frische Stöße aufzuscheitern,
Rastlos schleppt die Reu' herbei —
Knabe, laß im Brand dich läutern,
Lerne lieben stark und frei!

Ich mag nicht mehr das Licht der Sonne schauen...

Ich mag nicht mehr das Licht der Sonne schauen,
Denn meinen Blick umflort verstörtes Grauen.
Nehmt von dem Tische mir das Haidekraut!
Ihr Vöglein draußen, laßt den Zwitscherlaut!
Es friert mein Herz in eisiger Reue Noth,
Ich bin betrübt und traurig in den Tod.

Ersticken möcht' ich meiner Lieder Klang,
Die ich in Eitelkeit verloren sang.
Wie Schuppen von den Augen seh' ich's sinken,
Und seh' ein bleiches Mene Tekel winken:
Weh, deine Liebe war ja Liebe nie,
Blind dein Gefühl, flach deine Poesie.

Du flehtest Glück und Segen auf ihr Haupt
Und hast des Frohsinns Fülle ihr geraubt.
Du prahltest Kamerad und Trost zu sein
Und bist geworden Angstbild ihrer Pein.
Unseliger, verliebt in ihre Reize,
Hast du gefröhnt der Selbstsucht schnödem Geize.

Nun schütte aus die Frechheit deiner Seele,
Nun streife ab der Ichgier Schimmelflaum!
Vernunft und Wahrheit künde deine Kehle,
Nicht thöricht himmelblauen Kindertraum!
Stirbt erst der ‚Sängerknab‘ im Felsenschlosse,
Entsteigt dem Grab der treue Weggenosse.

Ich bin ein Bürgersöhnchen ...

Ich bin ein Bürgersöhnchen, gespickt
Mit alten lateinischen Brocken,
Ich ward auf die hohe Schule geschickt,
Noch hinter den Ohren nicht trocken.
Ich griff aus Verzweiflung zur Philologie,
Praeceptor Germaniae zu werden,
Praeceptor Germaniae werde ich nie
Und nie Philologe auf Erden.

Ich bin ein Bürgersöhnchen und thät
Meinem Papa gern den Gefallen,
Doch er machte mich so, und da bin ich Poet
Und muß meine Reime euch lallen.
Meine Lieder sind Amseln im Baume der Zeit,
Sie merken das Schwanken der Krone,
Es ist eine morsche Herrlichkeit
Trotz Schandgesetz und Kanone.

Ich bin ein Bürgersöhnchen und muß
Mich in mein Schicksal ergeben,
An Halbheit leide ich Ueberfluß,
Das ist das Elend eben.
Wär' ich kein Bürgersöhnchen und macht'
Ich am Setzerkasten die Lieder,
Die ganze verfaulte Gesellschaft kracht'
Ich mit meinen Liedern nieder.

Christnacht.

> Von ihrer Zeit verstoßen, flüchte
> Die ernste Wahrheit zum Gedichte!
> Schiller.

Der Kaiser rief: Reserve her!
In's Glied, getreue Heerden!
Allein Gott in der Höh' sei Ehr'!
Schlagt an das Repetirgewehr
Und Friede sei auf Erden!
Choräle schallen in schimmernden Hallen,
Der Pfaff schrie: Christus machte uns gleich.
Den Menschenkindern ein Wohlgefallen,
In einer Krippe das Himmelreich!

Der Engel zu Commerzraths kam
Mit Atlaskleid und Schleppe,
Mit Silbertand und Flitterkram,
Dekolletirt und ohne Scham
Wie eine feine Schneppe.
Bei Schnepfenbrecke und Austerngeschlecke
Der Börsenkönig sein Bäuchlein strich,
Champagnerpfropfen knallten zur Decke —
Jesus von Nazareth, freue dich!

Durch eis'ge Gassen schritt der Wind
In weißem Todtenkleide
Und mähte auf dem Weg geschwind
Ein kleines, müdes Bettelkind
Mit seines Messers Schneide.
Pfiff um ein fadenscheiniges Dach,
Fuhr durch den Schornstein in's Zimmer,
Da psalterte durch ein düst'res Gemach
Eines Säuglings matt Gewimmer.

Die Mutter trug ihn auf dem Arm
Und stillte kein Verlangen,
Ihr Auge glomm von langem Harm,
Und Kinder, ach, daß Gott erbarm!
Mit kreidebleichen Wangen.
Die Hungergeister tanzten den Reigen,
Das Unheil hockt' auf dem Ofenrost.
Der Jammer hub an Crescendo zu geigen,
Die Noth fraß Spinnen als Vesperkost.

Da trauerte der arme Mann,
Sah Weib und Kinder weinen
Und sann und starrte, starrt' und sann
Und schrie die nackten Wände an:
Brot, Brot! Brot für die Meinen!

Weil mit eigener Hand für das Vaterland
Er gewählt nach Pflicht und Gewissen,
Hat mit eigener Hand ihm der Fabrikant
Den Lohn vor die Füße geschmissen.

    O Sorge, wie du riesengroß
    Die dürren Glieder recktest!
    Der Arbeitsmann war arbeitslos.
    O Glück, wie du den feilen Schooß
    Mit schwarzem Schurz bedecktest!
Im Winkel nistete das Verderben,
Hohläugig schlich an den Wänden die Noth,
Die Kinder buken mit Asche und Scherben
Und Speichel des Mundes ein nahrhaft Brot.

    Die Thüre seufzte jämmerlich:
    Gebt Raum dem Polizisten!
    Der alte Scherge schämte sich:
    „Ausweisungsordre — dauert mich —
    Doch Ihr seid Sozialisten."
Thür kracht. Wie Eisenrädergeschmetter
Brach der gemarterte Lohnsklav los:
„Fluch, Fluch! Ein höllisches Donnerwetter
Schleudre die Schurken in Jesu Schooß!"

    Dem Weibe schlotterten die Knie',
    Sie wankte, stöhnte, stürzte.
    Ihr gräßlich Weh gen Himmel schrie,
    Zu Gott Gebete sandte sie,
    Die er mit Flüchen würzte.
Und wie nun im Koffer die ärmliche Habe
Der Starke mit zitternden Händen barg,
War's ihm, als steh' er am offenen Grabe
Und hämm're und zimm're den Todtensarg.

Wie wenn des Dampfes Schwall, gezwängt
In die metall'ne Fessel,
Urplötzlich wild nach außen drängt
Und unaufhaltsam treibt und sprengt
Und zischend leert den Kessel:
So schoß dem Armen empor, empor
Aus dem erzgepanzerten Herzen,
Mit Zischen und Brausen ein brodelnder Chor,
Der dampfende Gischt seiner Schmerzen.

„Die Ketten klirren Hohn und Spott,
Die Ketten klirr'n im Nacken,
Uns hilft kein Heiland, hilft kein Gott,
Die Ketten klirren Hohn und Spott,
Die Ketten klirr'n im Nacken.
Zu feiernder Stund', wo im Weltenrund
Hallelujah! die Engel trompeten,
In des Elends Schlund wie ein räudiger Hund,
Wie ein räudiger Hund getreten!"

Unheimlich tanzt' ein Strahl herein,
Gespensterte im Dunkeln;
Spukhaft Laternen-Flimmerschein;
Da ließ empörte Seelenpein
Zwei Augen gräßlich funkeln.
Hohl heulte vermummte Verschwörergesänge
Der Wind im Ofen mit dräuendem Ton
Und trieb mit des Aschenvolks todtem Gemenge
Eine grollende, pfeifende Rebellion.

Er schwang den Hammer in der Faust
Und wuchs empor, ein Grauen;
Die Kinder vor dem Vater graust,
Er schwang den Hammer in der Faust,
Gefährlich anzuschauen.

Und wie von höherem Geiste entbrannt,
Im Hirne prophetische Gluten,
Umspannt' er des ältesten Knaben Hand,
Seine Worte fluten und bluten:

   „Ich hör's und seh's: das Rothtuch weht,
   Im Sturmschritt die Kolonnen;
   Eilt, Brüder, eilt! — was kommt ihr spät?
   Hoch auf der Barrikade steht
   Das Häuflein blutberonnen.
Die Lücke schließt! Kartätschen prasseln,
Der Kaisers Garden — Genossen, Sturm!
Kommandorufe! Kanonen rasseln,
Die Glocken heulen von Thurm zu Thurm.

   „Nun schwöre deinem Vater, Sohn,
   In heil'ger Freiheit Namen,
   Zum Todeskampf mit Schmach und Frohn
   Den Eid der Revolution —
   Und sei kein Schurke! Amen.
Kommt, gebt mir die Hand — aus der Knechtschaft Nacht
Wird die Sonne der Freiheit sich heben,
Aus dem Nothpfuhl steigt, aus der Niedertracht
Die Würde, die Freude, das Leben.“

   Auf flog die Thüre mit Alarm,
   Die Pickelhaube blitzte;
   Die Mutter schrie: „O der Gendarm!“
   Da nahm ihr Mann sie fest in Arm
   Und stützte sie und schützte.
„Komm, Lina, komm!“ Jetzt war er am Weinen;
Inbrünstig preßt' an den Gatten sich
Das arme Weib: „O unsere Kleinen!“
Schluchzt' auf und weinte gar bitterlich.

Der Scherge trieb sie vor sich her
Wie eine Hammelheerde;
Allein Gott in der Höh' sei Ehr'!
Ein roher Knuff zur Wegezehr —
Und Friede sei auf Erden!
Choräle schallen, Sektpfropfen knallen,
Lump, stirb, verdirb! du rother Hallunk'!
Den Menschenkindern ein Wohlgefallen,
Dem Kanzler Fackeln und Minnetrunk!

Anna.

Anna, als zu später Zeit
Wir beisammen saßen,
Ach, mit wieviel Zärtlichkeit
Wir der Zeit vergaßen!
Hast du mich doch gar so lieb,
Und ich selber glühte,
Und der freche Blumendieb
Zauste Blatt und Blüthe.

Aber eh' ich sie zerriß,
Warnte mich die Stimme
In der süßen Finsterniß,
Schreckte mich voll Grimme:
Laß, o laß das Mädchen heil,
Liebend hingegeben,
Wollust ist ein gift'ger Pfeil,
Mordet Lust und Leben.

Und wir haben feierlich
Uns versprechen müssen:
Jeder, jeder hütet sich,
Vor den schlimmen Küssen.
Besser so sich rein vertraun,
Freundlich aufgeschlossen,
Als mit Reue, Schuld und Graun
Heimlichste Genossen.

———

Wolkenbild.

In rother Glut welch' düst'rer Wolkenstreif?
Gewaltig Weib mit güld'nem Kronenreif.

Will dieser mißgestalte Leib gebären?
Mir däucht, er ringt in Schmerzen, hoffnungsschweren.

Schwül glüht die Luft, die Erde leidet mit —
Komm, Sturmwind, komm, führ' aus den Kaiserschnitt!

Hersaust der Arzt. Mit kühnem Griffe schneidet
Er in den Wolkenleib, der furchtbar leidet.

Da regnet's. Finsternisse zieh'n zu Hauf,
Die Goldgekrönte löst sich weinend auf.

Der Frucht Erlösung läßt den Kelch verbluten —
Vom Himmel stürzen segensreiche Fluten.

*   *   *

So aus der Zeiten schwanger'm Mutterschooß
Kühn bricht die Noth das Heil der Zukunft los.

———

Für Frauenzimmer.

Steht Wahrheit bey rühmt sie frey
Laßt das Maul nicht binden:
Es hang ihr an jedermann
Keiner bleib dahinden.

Anna Ovena Hoyers (1584—1655).

Hohe Schulen.

Sagt an — das Fragen steht ja frei —
Soll von den hohen Schulen,
Da nisten allweg Büberei
Und niederträchtig Buhlen,
Viel Raufen, Saufen, groß Geschrei
Von Vaterland und Treue
Und Streberei und Heuchelei
Und Stink und Stank wie Säue,
Bornirtheit und dergleichen mehr,
Strohschädel voll Pomade,
Die wahre Bildung kommen her
Aus Gottes freier Gnade?
Geleckt seid ihr, fachgelehrt,
Ja wohl, ganz ohne Zweifel,
Doch keinen Schimmelpfennig werth —
Das bildet euch ein der Teufel.
Der Pfaffen heckt, Soldaten sch....,
Deß Geist hat euch gesalbet,
Denn wie sie läuft, das Sprüchwort heißt,
Also die Kuh auch kalbet.

(Nach Anna Ovena Hoyers.)

Chicago.
(Eine Glosse.)

Das war vor zirka hundert Jahren,
Daß die Bourgeois „Anarchisten" waren,
Die ohne historische Bedenken
Die „Anarchisten" von heute henken.

Die „Kölnische".

Die „Kölnische" — Brechpulver, bitte!
O diese hüteschwenkenden Deutschen!
Die Helden der frommen Zucht und Sitte
Brüllen Hurrah! und lassen sich peitschen.

Griechisch.

„Zu deinen Füßen wir uns weihn
Mit Leib und Seel' auf's Neue" —
Die Griechen nannten's προσκυνεῖν,
Die Deutschen nennen's — Treue.

Studentinnen.

Das mag die Ochsen kränken
Im Stall Germania,
Die sich das Weib nur denken
Als Milchkuh und Mama:

Die Mädchen auf den Bänken
Der Wissenschaft — Hurrah!
Hier laßt den Hut mich schwenken,
Die neue Zeit ist da.

———

Prostitution.

Ihr Wackern haltet die Prostitution
Für die ‚Sittlichkeit‘ eurer ‚Ehen‘ nothwendig
Und kauft um anständigen Arbeitslohn
Die Instrumente der Liebe lebendig.

———

So eine!

So lang ihr vor den Kindern der Straße
Noch pharisäisch euch bekreuzt,
Der Liebe Gott zu seinem Spaße
Euch in den ewigen Spucknapf schneuzt.

———

Scheinfreiheit.

Rechtlose Macht kann nur durch Schein regieren,
Scheinfreiheit ist der Freiheit Tod;
Könnt ihr die Lüge nur prostituiren,
Ruft ihr der Wahrheit Machtgebot.

———

Unterthänigst.

Ihr aber wollt die Freiheit nicht,
Entnervte Sklaven,
Thut unterthänigst eure Pflicht
Und legt euch schlafen.

Volksvertretung.

Daß wir über Volksvertretung verfügen,
Ist eine Lüge zu andern Lügen;
Wir haben, daß man's beim Namen nennt,
Ein volkszertretendes Plapperment.

Harmonie.

Bald, hoff' ich, rückt die Zeit heran,
Da Bismarck's lauerndes Genie
Formell auch proklamiren kann
Die absolute Monarchie.
Wenn erst sich Form und Inhalt deckt,
Bekomm' auch ich Respekt.

Allgemeines Wahlrecht.

Das allgemeine Wahlrecht? Nein!
Mit Märchen lullt man Kinder ein.
Vorläufig steht bei uns in Kraft
Die ganz gemeine Wahlknechtschaft.

Todteninsel.

Aus der schnöden Tageshelle
Ueber blasse Todesflut
Ladet mich des dunklen Eilands
Schattige Cypressenhut.

Nimm nach dieses lauten Lebens
Tollem Schwalle, wildem Lauf,
Ewig stille Todteninsel,
Nimm die müde Seele auf!

Wohl halten mich Rosenbande . . .

Wohl halten mich Rosenbande
Rankender Liebe umschlungen,
Wohl hab' ich außer Verstande
Lieder der Minne gesungen,
Denkmäler schöner Schande,
Kirrende Huldigungen —
Aber bin selbst nicht Rose,
Schmiegende, schmeichelnde Ranke,
Stehe im Sturmgetose,
Sehe, daß ich nicht wanke,
Blumen all' mein Gekose,
Steigender Stamm mein Gedanke . . .

Dilettanten.

Was braucht's für echte Diamanten
Viel Schielen und groß Nasenrümpfen?
Das sind die ärgsten Dilettanten,
Die stets auf Dilettanten schimpfen.

Was ich möchte.

Ich wollte einen Vers in deutscher Sprache singen
Und finde meine Kunst konventionell verhunzt;
Was ich gebracht, ist Nichts. O dürft' ich, dürft' ich bringen
Erlösung des Gedichts von Patchouli und Backfischdunst!

Helle Sonnenstrahlen . . .

Feine, helle Sonnenstrahlen seh' ich hüpfen,
Süße Wonneschauer durchrieseln mich;
Plötzlich eine feiste, graue Ratte seh' ich schlüpfen —
Des Menschen Leben ist schauerlich.

Nach Glück und Glanz . . .

Nach Glück und Glanz und Gloria
Mit Peitschenhieb und Hussassah,
Durch die Thäler, über die Hügel!
Mit schläfrigem Zügel
Ohne Prügel
Im Hundetrab
Durch öde Niedrung in's Bettelgrab.

Reim.

Der Reim sei Knecht, der Sinn sei Meister!
Halloh! Wacht auf, ihr guten Geister!

Die Poesie.

Die Poesie kriegt Leibesbeschwerden,
Wenn Dichter pedantische Schulfüchse werden;
Gleich ihre Verdauung geht geschwinder,
Werben sie einmal wie die Kinder.

Zweierlei.

Naturalistische Autoren —
Das ist mir klar.
Daß sie zu Dichtern drum geboren,
Das ist nicht wahr.

Naturalisten.

Mit dem Dünger der Naturalisten
Läßt sich der Acker der Dichtung misten,
Drauf Regen und Sonnenschein gebären
Schwere, goldene Liebesähren.

Zum 70. Geburtsage
des Elektrotechnikers Werner Siemens.

„O Lenthe du, am Bentherberg gelegen,*)
Was kann aus dir, du Nest, wohl Gutes kommen?"
Philisterlein, Philisterlein, entglommen
Ist dort ein Funke zu der Menschheit Segen.

Seht ihr die räthselhafte Kraft sich regen,
Die Menschengeist in seinen Dienst genommen?
Mit heil'gem Strome kommt ein Schiff geschwommen,
Darin der Zukunft Wunder sich bewegen.

In meinem Hirn auf — heiße Sehnsucht schwillt —
Elektrisch zuckt der neuen Zeiten Bild,
Wenn nicht mehr Dampf der Herr des Treibradriemens;
Wenn billig mit der ungeheuren Kraft
Ein Jeder leicht des Lebens Nothdurft schafft
Und Glück kein Traum mehr — Heil dir, Werner Siemens!

———————

Schweizerlied.

O du Schweizerland, o du Schweizerland
Mit den hohen Bergen stolz und frei,
Da zuerst ich fand, eh' die Jugend schwand,
Meines Herzens gold'nen Liebesmai!
Land des Edelweiß, nimm dies Lied zum Preis
Mit der hellen Jubelmelodei.

—————————

*) Bei Hannover.

O du Schweizerland, o du Schweizerland
Mit den saft'gen Matten schwellend grün,
Wo am Wiesenhang lockt der Heerden Klang,
Wo die dunklen Blumen träumend blühn;
Deiner Anmuth Reiz, wunderschöne Schweiz,
Läßt in Wonne mir das Herz erglühn.

O du Schweizerland, o du Schweizerland
Mit den Seeen tief und spiegelklar,
Wo ein Silberband einst der Schöpfer wand
Um der Alpen hehren Hochaltar;
Wo der Steinbock haust, die Lawine braust,
Und aus Aetherhöhen schießt der Aar.

O du Schweizerland, o du Schweizerland,
Wo kein Sultan, König und Despot,
Wo mit kühner Hand Tell den Pfeil gesandt,
Allen Geßlern winkt der sich're Tod —
Land, das Schiller pries, Freiheitsparadies,
Jauchzend grüß' ich dich im Morgenroth!

Prolog.

(Auf Wunsch des aus Studenten, Kaufleuten, Technikern, Handwerkern und
Gymnasiasten bestehenden Vereins „Veritas" in Rostock verfaßt.)

Herzlich willkommen, Kameraden
Aus Werkstatt, Hörsaal und Kontor!
Ich will euch nicht in Floskeln baden
Und trete nur zum Gruße vor:
Ihr habt der Feier Grund vernommen
Und kennt der Stunde Wie und Was,
Ihr seid zum Stiftungsfest gekommen
Der „Veritas".

Wohl ward mit weihevollem Namen
Einst unser Jugendbund getauft,
Die Pathin ist von allen Damen
Die einzlge, bie sich nie verkauft.
Wahrheit — auf biesen Trank hat Keiner
Vorrecht und Monopol allein,
Der liebt ihn trübe, Jener reiner
Wie jungen Wein.

Einer Jeder trinkt sie nach Gefallen
Und ganz besonderem Geschmack,
Den Einen macht sie trunken lallen,
Den Andern trägt sie Huckepack.
Dem Dritten gießt sie heil'ges Feuer
Und süße Thatkraft in's Gebein,
Dem Vierten stürzt sie das Gemäuer
Des Lebens ein.

Und boch! Man hebt zum allgemeinen
So gern das Eigenste empor —
So mag die Wahrheit uns vereinen,
Die unser Streben auserkor!
Eins gilt: Erkenntniß hochzuschätzen,
Die unsern Sinnen sich enthüllt,
Und unser Leben einzusetzen,
Bis sie erfüllt.

Entwickelung kennt keine Schranke,
Vernunft wallt ben lebenb'gen Pfab,
Der freigewordene Gebanke
Gebieret die entschloss'ne That.
Was in des Forschers Hirn entsprungen,
Wälzt seine Wogen weit hinaus
Und packt die Alten und die Jungen
Von Haus zu Haus.

O Freunde! Hört ihr's wehn und rauschen,
Wie's alle Deiche niederreißt?
Dem heil'gen Brausen laßt uns lauschen!
Horcht auf! Das ist der neue Geist.
Hoch flattern des Gesetzes Fahnen,
Heil, Herrscherin Nothwendigkeit!
Herrollt aus den verlaff'nen Bahnen
Die neue Zeit.

Nacht.

Nachtwind heult mit Dämonenmund.
Infernalisches Schlüsselbund,
Flackernd klirr'n die Laternen.
Stöhnend Stürmen. Vom schwarzen See
Pfeift und streicht ungeheures Weh
Aus schwerbuldenden Fernen.
Wimmernd im Telephonnetz haust's,
Kläglich in dürren Linden saust's,
Meiner Seele wollüstig graust's,
Eins mit Stürmen und Sternen.
    Schleub're mit tollem Lachen
    Meinen Happen Leib
    In den heulenden Riesenrachen
    Der Unendlichkeit . . .

Matt gießt der Mond . . .

Matt gießt der Mond vom Wolkensaum
Die Wehmuth in den Weltenraum;
Der Wind geht klagend vorüber,
Der Himmel wird trüb und trüber.

Der Himmel ist hoch, und die Welt ist weit,
Ich bin verlassen in meinem Leid,
Ich eile die dunkeln Wege,
Daß ich zur Ruh' mich lege . . .

Beim Tode eines Jünglings.

Blüthen des Frühlings
Mordet ein später Frost.
Der sich emporschnellt
Glühenden Auges
Zu Aetherhöhen —
In Felsenabgrund
Schmettert den flüggen Aar
Jäh ein Windstoß.

*   *   *

Hoffnung der Eltern
Hat das Geschick zerzaust.
Bleich unter Palmen
Liegt er im Sarge,
Schmerzenlebig.
Ihm zu Häupten
Weinen die Seinen nun
Trostlos trauernd.

Hurrah, Kornzoll und Deutschland!

Des Junkers Söhnchen schlemmt und praßt,
Er hält das Dirnchen fest umfaßt.
„Sie, Kellner, von dem schwersten Weine!"
Das Dirnchen spreizt die dicken Beine —
Hurrah, Kornzoll und Deutschland!

Des Armen Weib mit dürrer Hand
Hält ihren schwangeren Leib umspannt.
Sie schreit, von Schluchzen unterbrochen:
„Kein Brod und wieder in die Wochen!" —
Hurrah, Kornzoll und Deutschland!

Der Kaiser, der von Gott gesandt,
Spricht: „Schafft mir Religion in's Land!"
Prinzeß und Pfäfflein die berathen
Christlich-soziale Heldenthaten —
Hurrah, Kornzoll und Deutschland!

Des Armen Kind im Sterbeweh
Verreckt just in der Charité.
Des Todes Pestwind hört sie sausen:
„O Mutter, Mutter, welch' ein Grausen!"
Hurrah, Kornzoll und Deutschland!

Der Börserich, der sie verführt,
Der Bösewicht läßt ungerührt
Das Pack, das kaum noch was zu beißen,
Aus seiner Miethskaserne schmeißen —
Hurrah, Kornzoll und Deutschland!

Des Börserichs studirter Sohn
Bekneipt sich für Altar und Thron.
Er gröhlt sich schier die Kehle heiser:
„Ein Salamander auf den Kaiser!" —
Hurrah, Kornzoll und Deutschland!

Im warmen Redaktionsbureau
Schmiert Doktor Vierhuhn Bohnenstroh:
„Enorm vermehrt in uns'rem Staat sich
Das Bildungsproletariat sich" —
Hurrah, Kornzoll und Deutschland!

Mit Weib und Kind bei Glühlichtschein
Steigt Einer vierte Klasse ein.
Ein schriller Pfiff. „Lebt wohl, Genossen!"
Jach kommt ein Polizist geschossen. —
Hurrah, Kornzoll und Deutschland!

Im Parlament ruft Junker Taps:
„Der Deutsche brennt nur deutschen Schnaps.
Soldaten her! Die Grenze mauern!
Kosacken lauern schon und lauern" —
Hurrah, Kornzoll und Deutschland!

Der Arme seine Pulle hält:
„Gotts, wat en Elend in der Welt!
Mein Lenchen abgemurkst von Muttern!
Im Zuchthaus kriegt sie doch zu futtern" —
Hurrah, Kornzoll und Deutschland!

Näherin im Erker.

Näherin im Erker,
Flieh aus deinem Kerker,
Flieh mit mir im Sonnenschein
In den grünen Wald hinein!

Schwüle zum Ersticken!
Nähen, plätten, flicken!
Wachsbleich wird dein jung Gesicht,
Nebeltrüb dein Augenlicht.

Ohne alle Freude
So von Kleid zu Kleide,
Ohne Lust und Heiterkeit
Hastig Naht an Naht gereiht.

Mädchentraum und -Sehnen
Rinnt in heißen Thränen,
Rinnt auf Sammt und Seiden dir,
Tröpfelt helle Perlenzier.

Näherin im Erker,
Flieh aus deinem Kerker,
Flieh mit mir im Sonnenschein
In den grünen Wald hinein!

„Dichter, geh' alleine,
Geh', im Sonnenscheine!
Näherin hat keine Zeit,
Näht ein schneeweiß Hochzeitskleid.

„Ach, ich Arme, Arme
Möcht' aus meinem Harme
— Heute hab' ich Blut gespie'n —
In den dunkeln Tod entfliehn!"

———

Als ich noch kurze Hosen ...

Als ich noch kurze Hosen trug
Und auf der Straße Pindop schlug ...
Der Kreisel sprang und hüpfte!
Er zog den allerschönsten Kreis,
Die Farben wurden kreideweiß,
Bis er — o weh!
O jemine!
In den Kanal mir schlüpfte.

Holt' ich für Mama ein Pfund Salz,
Gab mir der Kaufmann jedenfalls
Noch eine Hand voll Bolchen;
Mit Stadttheilspanzen frisch und frank
Am liebsten auf die Wippelbank,
Das ging noch so
Halli, hallo!
Allwärts herumzustrolchen.

Doch in die Schule ging ich schon
Ein Sakermenter und Kujon
Mit riesigem Tornister;
Du lieber Himmel! Ohne Pein

Heimst' ich die Elemente ein;
Ach, lernt' ich nie,
Nie mehr als sie,
Ich wär' so kein Philister.

Philister hin, Philister her —
Der Pindop tanzte kreuz und quer,
Die Wippel flog gen Himmel;
Mit meinem Ranzen schritt ich keck
Und fand und steckte im Versteck,
Der Drache stieg —
Flieg', Drache, flieg',
Heidi, papierner Schimmel!

Einmal, da war ein groß Geschrei:
Wir haben frei, wir haben frei,
Napoleon gefangen!
Napoleon ist angeschmiert,
Heut' Abend wird illuminirt,
Hurrah, hurrah,
Wir siegen ja! —
Die Feierglocken klangen ...

Friedhof.

Kein Salvenschuß, kein Trommelklang,
Als sie den Freund begruben,
Kein Sonnenschein, kein Lerchensang —
War doch ein Held sein Leben lang
Im Kampf mit großen Buben.

Der Herbstwind pfiff, sein Heulen schwoll,
Die Weiden seufzten schaurig;
Die Schaufel voll, die Erde scholl,
Verschränkten Armes stand der Groll
Am Grabe stumm und traurig.

Kein Pfarrer drosch Unsterblichkeit,
Kein Pfaffe grunzte Messen;
Ein heilig Leib, ein schweigend Leib.
In ihrem dunkeln Feierkleid
Wehklagten die Cypressen.

So blieb die Menge drängend stehn,
Als sich das Grab geschlossen;
Da dröhnt' es: Auseinandergehn!
Und schon war Helm an Helm zu sehn —
Des Himmels Zähren flossen.

Nun flog ein Kranz mit rothem Band
Wohl auf des Grabes Mitte;
Und als er auf den Hügel sank,
Da zogen schon die Wächter blank
Der Zucht und frommen Sitte.

Von Leichenstein zu Leichenstein
Die Klingen aus den Scheiden!
Auf Schädelstatt und Todtenbein
Sie hieben in die Massen ein —
Da weinten alle Weiden.

Das freche Lärmen klirrt' an's Ohr
Der schlummernden Gerippe;
Entsetzen schlug den bleichen Chor,
Und schwerbeleidigt fuhr empor
Der Todten stille Sippe.

Der Regen goß, der Sturm schrie auf,
Blut floß um Kreuz und Hügel,
Und ruhig von des Kranzes Schlauf
Ein Vogel stieg gen Himmel auf
Mit purpurothem Flügel . . .

Schwirrende Schwalben . . .

Schwirrende Schwalben, kreisende Dohlen . . .
Stehe auf schwindelndem Rande allein.
Fest den Boden fassen die Sohlen,
Blicke in wimmelnde Tiefe hinein.
Aus dem verworrenen steinernen Meere
Rauscht es wie ferne Brandung empor,
Und ich lausche dem Murmeln und höre
Einen geheimnißvoll raunenden Chor:

„Millionen Sterbliche wohnen
Auf die winzige Stätte gebannt,
In den Palästen schlemmende Drohnen,
In den Kasernen die schaffende Hand.
Ohne Liebe zerrüttend Genießen,
Ohne Freude erschütternde Noth —
Seher sehen in Finsternissen,
Sehen ein blutiges Morgenroth."

Tragikomödia.

Mein Herzschlag hat mich der scheidenden Nacht
Gesegnetem Schooße entrissen,
Ich habe liebestammelnd gelacht,
Nun rinnen die Thränen und fließen mir sacht
Auf die öden, die brennenden Kissen.

Ich wollte, ich wäre der Mama zu lieb
Ein wackerer Pfarrer geworden,
Statt daß ich von Lande zu Lande mich trieb,
Ein Zeitverderber und Tagedieb
Vom poetischen Rosenbandorden.

Dann hätt' ich in dieser selbigen Nacht,
Am Herzen der Pfarrin gelegen,
Mein trefflichstes Liebesexamen gemacht
Und gegen Morgen die Predigt erdacht
Von der Ehe gottslieblichem Segen.

Ich glaube, man wetterte Stein und Bein
Und würde mich billig verlachen,
Wollt' ich meinem Schätzelein, Schätzelein
Aus lauter Liebe und Liebespein
Einen Heirathsantrag machen.

Ein grünes Pfarrhaus läßt sich noch sehn,
Von Pfirsich und Reben umschlungen,
Ich aber predige fixe Ideen
Und habe die feinste der Rosenfeen
In klingenden Versen besungen . . .

Der Unglückliche.

Da wandelt Sie im Sonnenscheine —
Verfluchter Schauer im Gebeine!
Ameisen laufen — o vertrackt!
Fliehn muß ich, fliehn und heimlich klagen,
Daß mich in meinen jungen Tagen
Die greisenhafte Schwäche packt.

Schon schwebt Sie in der gold'nen Weite —
O süßes Lieb! Ich wanke, gleite
In's graue Häusermeer zurück.
Auf's Bett die kraftenterbten Glieder!
Die Jalousieen rasseln nieder,
Und wimmernd weint mein todtes Glück.

Schicksalswelle, spüle . . .

Schicksalswelle, spüle
Kleinliche Gefühle
Von des Geistes Flur!
Weichliches Sichwiegen —
Schmachtendes Sichschmiegen —
Tilge, Welle, tilge ihre Spur!

Nein, ich mag nicht leben,
Winzigem ergeben,
Flacher Lust und Leid —
Aus dem tiefsten Grunde
Mit verlechztem Munde:
„Größer! Größer! Größer!" meine Seele schreit.

Liebe.

Ach, mit himmelblauen Schleifchen schmücken
Saht ihr mich der Leidenschaft Gewand —
Lieb' ist heißes, zitterndes Entzücken,
Kochender Burgunder, Fackelbrand.

Körperlich Verschmelzen der Gedanken,
Augenwollust, Funkenübersprung,
Sehnsuchtsvolles Ineinanderranken,
Schmerzenlösende Vereinigung.

Aber wird das Fleisch nur hingegeben,
Liebe, nenn' ich dich Concubinat,
Leben muß sich gatten mit dem Leben,
Bis vollendet die geweihte Saat.

Und des Mannes bester Seelensame
Träufle in des theuren Weibes Brust,
Und die Ehe bleibt kein bloßer Name,
Dem, o Adam, du erbleichen mußt.

Daniel Defoe.

Seht, da steht der Edle Pranger,
Der satirische Dissenter,
Daniel Defoe, der Dichter,
Englands kühnster Journalist!

Highchurch läßt sich nicht verhöhnen,
Highchurch klirrt mit Kerkerschlüsseln,
Streicht den Schilling in den Beutel,
Kneift den Halsring dreimal zu.

Dreimal Pranger, dreimal Schandmal!
Marktwärts wimmeln Männer, Weiber,
Kinder, Jungfraun, marktwärts wimmelt
Massenweise Englands Volk.

Pfeifen ihm verfaulte Aepfel?
Koth und Scherben, alte Schuhe?
Speien schmutzige Megären
Ihm den Auswurf in's Gesicht? —

Blumen schwirren, Kränze fliegen,
Schleifen flattern, Festguirlanden
Schlagen prangend ihn in Banden:
„Heil dir, Daniel Defoe!"

Prangend ragt er an dem Pranger,
Ehrenüberrankt am Schandpfahl,
Seines Volkes Blüthenliebe
Kränzt des Helden schnöde Schmach.

Ueber's Antlitz des Gequälten
Zieht ein hoheitsvolles Lächeln —
Unbemerkt entschleicht der Menge
Winkelwärts ein schwarzer Wicht.

Liebe im Schnee.

Bis zum Bauch im Schnee
Wate, wate nur!
Keinen Pfad ich seh',
Keine Spur,
Wate, wate nur,
Immer zu, nur zu,
Unerhört verliebter Esel du!
Wirbeln die Flocken doch gerade wie toll,
O Frau Holle, Holle, Frau Holl',
Machst ja dein Bettchen ganz wundervoll,
Hast du die Pocken?
Was das noch geben soll!?
Wäss'rige Socken.
Wird wieder trocken.
Itzo nicht stocken!
Waten, waten
Empor!
Grüß' dich, mein silberweißbärtiges Thor!
Bis zum Bauch im Schnee —
Abgekühlt? O weh!
Alles voll Schnee und Eis,
Selber nur siedeheiß —
Vermaledeite Liebe, vergeh'!

Lockspitzellied.*

(Melodie etwa: Der kreuzfidele Kupferschmied.)

Dreitausend Mark, heidi, per Jahr
Von Seiner Exzellenz —
Wie schirmt der Himmel wunderbar
Lockspitzels Existenz!
Kein Gentleman, kein Gentleman,
Als wär' das ein Malheur,
So bin ich denn und bleib' ich denn
Agent provocateur.

Spitz, spitz: die Ohren aufgeknöpft!
Horch, horch nach links und rechts!
Bum bum! „Und Alles wird geköpft
Tyrannischen Geschlechts!"
Fällt mir dann so ein Tölpel 'rein
Und brüllt: „Den Teufel — ja!"
Das muß ein Anarchiste sein,
Ein Anarchist, hurrah!

„Genosse, prost!" Begleite ihn,
Schüttl' ihm als Freund die Hand
Und melde schleunigst nach Berlin:
Ein frischer Fisch — brillant.
Aus deutschem Reichsfonds stell' ich flug's
Das süße Mordsblatt her,
Die Freiheit — kolossaler Jux!
Ex'lenz, was willst du mehr?

---

*) Das vom Verfasser geschaffene Wort „Lockspitzel" hat bekanntlich in kurzer Zeit internationale Geltung erlangt (frz. le lockspitzel) und sogar im amtlichen Regierungsstil sich das Bürgerrecht erworben.

Ach, als ich noch kein Spitzel war,
Welch kreuzerbärmlich Loos!
Dreitausend Reichsmark jedes Jahr,
Das macht sich ganz famos.
Mitunter buppert's mir von fern:
„Du Schuft!" Herrjeh, ich bin
Ein treuer Diener meines Herrn —
Und schlag' mir's aus dem Sinn.

Ich bin ein Werkzeug der Gewalt
Von Gottes Gnaden nur,
Ein unentbehrlich Rädchen halt
In der Regierungsuhr.
Spitz, spitz, horch, horch! Kein Gentleman,
Als wär' das ein Malheur,
So bin ich denn und bleib' ich denn
Agent provocateur.

Im Café.

Gläser klirren,
Plaudereien schwirren,
Ueber's Billard saust der glatte Ball;
Cigaretten glimmen,
Blaue Wölkchen schwimmen,
Flinke Kellnerschöße überall.
Ist ein Summen und Zeitungsrauschen,
Kugelstoßen und Debattiren —
In der Ecke bequem zu lauschen,
Mag ein Weilchen mich amüsiren.

Aus dem Geschlacker zum Heil meiner Seele
Lockte der gütige Gott in's Café,
Wärmender Mokka rinnt in die Kehle,
An den Scheiben verthränt der Schnee.
Jener Spieler, der elegante,
Weit vorbeugt er die schlanke Gestalt
Ueber des grünen Tuches Kante —
Lächelnd richtet sich auf der Gewandte,
Glücklich Kugel auf Kugel prallt,
Und ein lohnendes Bravo schallt.
Mir zur Seite die beiden alten
Herren legen die Stirn in Falten,
Schwierig scheint die Situation:
Mit dem nächsten kühnen Zuge
Naht die Entscheidung, naht im Fluge,
Wird trotz seinen Trabanten jetzt
Majestät schachmatt gesetzt
Und kein Thurm, kein Bismarck naht . . .
Drei Studenten — versteht sich — Skat.
„Stramm gewimmelt! Nicht mal Schneider
Darf er werden.“ — „Leider, leider,
Die verfluchte Zehne blank,
Kinder, mein Portemonnä ist krank.
Stempel, wir sind übrigens quitt . . .
Kellner!“ „Sie wünschen?“ — „Noch einen Schnitt!“ . . .
„Jesses, solches Blech zu schmieren!
Reimereien zum Krepiren,“
Seufzt mein Nachbar — „nein, wie blau!
Und für den schwärmt meine Frau — !
Heutzutage ein Geschmack:
Buschklepperei und Stromerpack
Im modernen Gesellschaftsfrack“ . . .
„Machen wir noch ein bischen Tric=trac?“
Und indessen mein Tischgenoß

Aergerlich seinen Elzevir schloß,
Meine beiden Alten selbander
Schlugen ihr Schachbrett auseinander.
„Doktor, wie kommen Sie mir vor?"
Spöttisches Lachen trifft mein Ohr —
„Diesen heuchlerischen, meineidigen,
Grinsenden Pfaffen zu vertheidigen!
Wär' es nicht Spiegelfechterei,
Könnt' es anständige Leute beleidigen."
„Bitte, bedenken Sie nur dies:
Nil nisi bene de mortuis!
Ist sein Kadaver auch noch nicht begraben,
Sein Renommee verzehren die Raben" . . .
Zwischen der Gäste gleichgültigen Reih'n
Drückt sich frostzitternd von Tisch zu Tisch
Lilienbläßlich ein Mägdelein,
Rosen im Korbe junifrisch.
Von dem Rothblond wirrer Locken
Niederschmelzen die nassen Flocken,
Daß das Wasser dem armen Kind
In den offenen Nacken rinnt.
„Rosen, Rosen!"
Freudelosen
Schrittes schleicht's hinaus in dämonische Nacht.
Wirbelnder Schneesturm braust.
Gläser klirren,
Plaudereien schwirren,
Eine Kugel über die Barrière saust . . .

Thatenlos.

Wenn du der Locken wilde Fluten
Um's Haupt dir schleuderst,
Heiliger Sturmwind;
Wenn deine Riesenrechte, Vater,
Baracken umstößt,
Morsche Eichenkönige todtschlägt:
Blitz dein Auge,
Nacht dein Mantel,
Deine Rede grollend Donnergeroll —
Thörichte Spiele
Spiel' ich die Tage,
Zielverlor'ne, kraftverrath'ne,
Liebliche Träume
Spielt der vertändelte Sinn —
Schamerröthend
Schlag' ich den kindlichen Blick
Sühnezitternd zu Boden,
Ihn zu Boden vor dir,
Heiliger Sturmwind!

Amor.

Lange habe ich ertragen
Seiner Fesseln weiche Noth;
Reizten mich zum Zorn die Plagen —
Schlug ihn mausetodt.

An den krausen braunen Locken
Schleif' ich ihn im Staub dahin —
Sterbeglocken, Sturmesglocken
Füllen meinen Sinn.

Und die Trauerklänge hauchen
Ihre Seele zitternd aus,
Feuerstöße seh' ich rauchen,
Winkt ein wild'rer, schön'rer Strauß …

Widmung.

Und doch! Verehrte Frau, dies Buch sei dein!
Sei dein zum Trotz den häßlichen Gewalten,
Die sich wie Motten in der Seele Falten
Einnisten, eklem Staube sie zu weih'n.

Du kannst es nicht, kannst nicht alltäglich sein,
Dich ängstlich an das ganz Gemeine halten,
Und, weil die Krüppel wimmelnd dich umschalten,
Nun selber werden wie die Kleinen klein.

Ich, der ich deines Kindes Reiz gesungen
In blind verliebter, blauer Schwärmerei,
Nun abgeblitzt mit meinen Huldigungen,

Ich grüße dich und fordere frisch und frei:
Thurmfahne rothes Herz in weißem Feld!
Todfehd' dem Nastuch der Philisterwelt!

Ein weißes Blatt.

Ein weißes Blatt — mit Versen noch zu füllen!
Ein weißes Blatt, dem wilden Fluch bereit.
Die Qual rückt an, mich finster zu verhüllen
Und Blut zu sprüh'n auf's schwarze Blatt der Zeit.

Doch du reichst, ernste Freude, mir die Feder,
Mir auf die Schulter senkst du mild die Hand:
Dem Feinde fluchen, mein Poet, kann Jeder,
Ihn zu besiegen, Freund, bist du gesandt.

Sieg dir, Sieg dir, wenn du den Zorn bezwungen,
Der gurgelnd dir den freien Athem schnürt!
Sieg dir, Sieg dir, wenn deines Liedes Lungen
Der freie Flügelschlag der Freude rührt!

Durch Qual zur Kunst! Allfrei vom Haß der Masse
Ruf' deine Rhythmen, ruf' zum kühnen Chor!
Die Kunst ist frei. Der Freiheit eine Gasse!
Mit hellem Spiel durch's dunkle Zukunftsthor!

(Ende 1869.)